子どもの感情表現ワークブック

考える力、
感じる力、
行動する力を
伸ばす

渡辺弥生 編著

明石書店

まえがき

相田みつをさんの『にんげんだもの』という詩集からよく引用されている言葉に、

時には、間違ったっていいじゃないか、泣いたっていいじゃないか、
できないことがあったっていいじゃないか、
落ち込んだっていいじゃないか、……。

といった言葉があります。感情を抑え込みがちな人への警鐘でしょうか。もっと、感情を素直に出してもいいよ、という呼びかけに、私たちは癒されます。

一方、日常生活では、人間は感情の動物といわれるように、笑ったり、泣いたり、怒ったり、驚いたり、めまぐるしく感情を表出する傾向があります。特に、子どもは、泣きだしたり、怒りだしたらなかなか気持ちを抑えることができず、親から叱られることが多いものです。こうした感情は、考え方や行動にも影響を与えることが多く、楽しい、うれしいといったポジティブな感情にひたっているときは、ものごとを肯定的に受けとめ、動きも軽やかになります。他方、悲しい気持ちにひたっていると、考えは後ろ向きで、足取りも重くなります。また、逆に、考えや行動に影響されて、気持ちも変わったりします。

ほかの動物と違って大変なのは（といって、ほかの動物の感情については不勉強ですが……）、人間は感情のままに行動することが、社会の中で受け入れられないことかもしれません。つまり、人と人とがうまく共存できるように、感情をコントロールすることが求められます。抑えすぎても、表しすぎても敬遠され、状況に応じてちょうどよい感情に調節することが求められるわけです。

また、感情とはおもしろいもので、特に、言葉で感情を伝えなくとも、同じ動作や表情の連鎖で気持ちが通い合ったりします。互いの立っている

位置の物理的な距離は縮まったわけではないのに、気持ちは、ほっこり暖かくなるようなそんな経験をすることもあります。金子みすゞさんの詩の「仲なほり」には、そうした経験がよく描かれています。

げんげのあぜみち、春がすみ、／むかうにあの子が立つてゐた。
あの子はげんげを持つてゐた、／私も、げんげを摘んでゐた。
あの子が笑ふ、と、気がつけば、／私も知らずに笑つてた。
げんげのあぜみち、春がすみ、／ピイチク雲雀が啼いてゐた。

このように、感情とは、不思議でまた興味深いものです。それでは、こうした感情にはどのようなメカニズムがあるのでしょう。また、感情を調節する力はどのようにはぐくまれるのでしょう。意外と、こうした点について知らない方が多いのではないでしょうか。

心理学で明らかにされていることの中には、こうした感情にかんする知識や力は、短時間で獲得されるものではなく、小さいときから、遊びや生活の中で、少しずつ獲得していくものとして知られています。

まず、親から教わります。「泣いてばかりいないで」と叱られたり、「今は笑っちゃいけない、静かに」と注意されたりします。同時に、大人が怒ったり、わめいたりしないで、解決したりするのをモデルとして学びます。ゲームで負けそうになっても、怒ったりしない年上のきょうだいの様子からも学ぶでしょう。

そして、しだいに、子ども同士で遊ぶようになり、経験の中で知るようになります。互いに未熟な者同士のため、泣かせたり、泣かされたり、喜ばせたり、喜ばされたり、感情と感情が衝突する中で、気づいていくのです。やりとりの中で、「いい加減」に気持ちを抑えたり、表現したりすることをいつのまにか獲得していきます。

感情を表す言葉も、「うれしい」という気持ちから、「楽しい」「幸せ」「ハッピー」「素晴らしい」など語彙も増え、自分の気持ちを表現するのにふさわしい言葉を選びとって表現できるようになります。相手の表情や行動から相手の気持ちを想像したり、悲しい様子だと「大丈夫?」と働きかけることもできるようになるのです。

互いに影響し合う存在であり、自分がうれしいとき悲しいときに寄り添ってくれるような人をありがたく思い、また、自分から他人にそうしてあげることが大切なことだと学ぶようになります。さらには、興奮しすぎず、さりとて、何も感じないように平板化してしまわないように、日々の生活の中で調整していこうと努力するようになるのです。

この本では、そうした感情について、「準備編」と「実践編」に分け、準備編では「感情についての知識」や「感情の発達のさまざまな側面」、そして「どのように感情を育てればよいか」について大切なポイントを説明しています。そして、実践編では、幼児から小学校低学年、小学校低学年から中学年に分けて、発達に応じた具体的なワークを、たくさんの専門家から提供してもらっています。まず、先生や親御さんがこうした感情の育ちに興味や関心を持っていただいて、子どもたちとかかわる中で、子どもたちの感情の発達を大事にしてもらい、この本にあるようなワークを参考に、遊びや学びの中で楽しいかかわりやはたらきかけをしていただければと思います。生活の中で、ともに笑い、ともに悲しみを分かち合えるよう、そして子どもたちの生活が生き生きと豊かなものになるよう導いてやれることを願ってやみません。

最後に、こういった願いをまさに共有してくださって、実際に執筆そして編集する機会をいただいたのは、明石書店の森本直樹さんのおかげです。いろいろなアイデアをいただき、つねにサポートしていただきました。また、私たちの願いが子どもたちに伝わるように心をこめてあたたかいイラストやデザインにしていただいたイラストレーターのたやみよこさんとデザイナーの桜井勝志さんに感謝いたします。そして、子どもさんと毎日のように接し、素敵なアイデアを提供していただいた執筆者の皆さまとコラボレーションできましたことを幸せに思います。

2011年5月

渡辺弥生

CONTENTS

準備編 感情について知ろう！

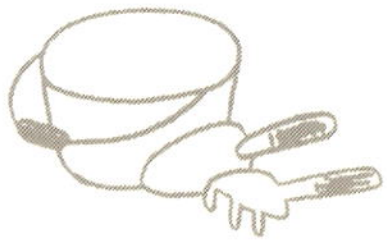

実践編 感情を育てよう！

対象年齢：幼児から小学校低学年

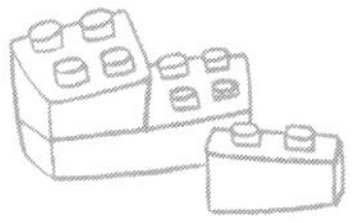

対象年齢:小学校低学年から中学年

対象年齢:幼児から小学校低学年

準備編

感情について知ろう！

1. 感情とは

泣いたり、怒ったり、ふさぎこんだり、楽しかったりと、私たちの感情はさまざまに変化します。ときには、ほんの短い時間で、幸福の絶頂から奈落の底へと暗澹たる気持ちになったり、逆に、地をはうような苦しさの中に、一条の光を見て歓喜したりと、めまぐるしく変化します。そして、人間は感情の動物といわれているように、まさに、生きているという実感は、「感情」を伴ってこそ意味があるように思います。

それでは、こうした感情は、いったいどのように獲得されていくのでしょう? 生まれてすぐの赤ちゃんは、始終、泣いています。この頃は、特別「悲しい」と思って泣いているというよりはむしろ、まだ「不快」を感じているだけと考えられています。

ブリッジェスによれば、図1のように、0歳では興奮、3か月では不快、快、興奮の3つに分化し、6か月では不快から、恐れ、嫌悪、怒

図1 2歳までの情緒の分布

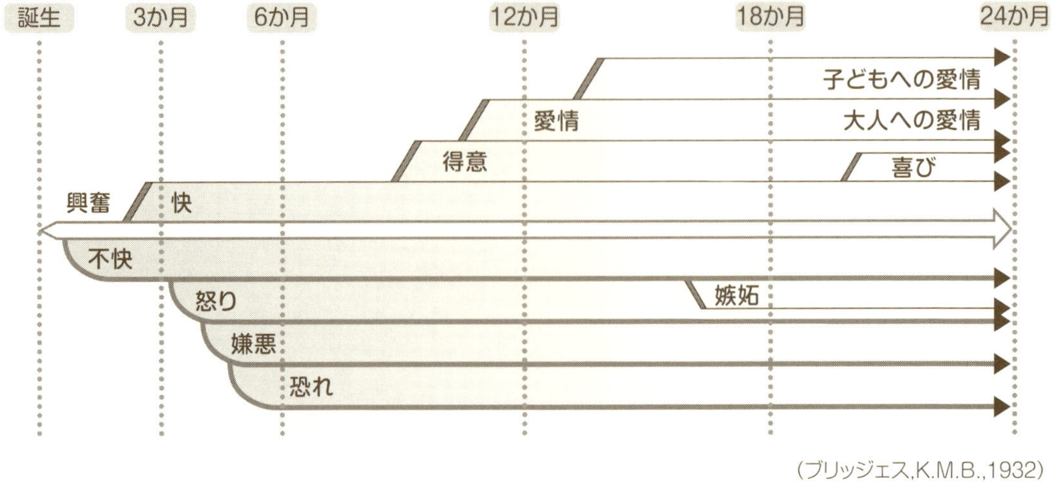

(ブリッジェス,K.M.B.,1932)

りへ、快は得意、愛情へといったようにさらに分化すると考えられています。そして、2歳ぐらいになると、大人が持つような感情へと分かれていくといわれています。

それでは、こうした感情の幅や種類は、いったい、どのように広がっていくのでしょうか？　私たちの心の中に、神経細胞のように広がっていくものなのでしょうか。それとも、環境からの影響を大きく受けてはぐくまれていくものなのでしょうか。

私たちの中には、温厚な人もいれば、おこりんぼうさんもいます。泣き虫や、なにかといえばすぐに落ち込む人もいます。こうした個人差はどうして生じるのでしょう?

このような感情は、私たちの「思考」や、実際に「行動」することへ大きな影響を与えています。「怒り」を感じれば、攻撃行動を起こしやすくなります。「悲しい」と、ふさぎこんだり、ひきこもる行動になりがちです。つまり、感情によって行動が大きく変わってくるのです。

他方、逆方向に、行動が感情に影響を与える場合もあります。例えば、スポーツなどの試合やレンジャーごっこなどの遊びをしていると、しだいに興奮が高まりがちです。ときに怒りが出てくることもあります。遊んでいると、ますます楽しくなったりします。

さらには、考え方を変えることによって、感情が変わったりということもよくあることです。ものごとをポジティブにとらえることができれば、急に気が晴れてくる経験をした人も多いと思います。このように、感情、思考、そして行動は、切っても切れない関係にあることがよくわかります。

私たちは、成人して社会で独り立ちしていくことを求められるわけですが、社会に出て自立していくためには、それまでに、親や身近な人の助けを借りて社会化される必要があります。つまり、社会で必要な価値観や、言葉、態度などを身近な人たちの助けを借りて身につけていくわけです。その際、人と人とがうまくかかわっていく対人関係のソーシャルスキルも獲得していきます。こうした対人関係の構築や維持には、感情の健全な育ちが必要になります。なぜなら、相手の表情やしぐさや言葉から相手の気持ちを推察したり、自分の気持ちを言葉だけでなく、しぐさや態度で表出できないと、うまくコミュニケーションをとることができないからです。言葉のうえでも相手を傷つけないような話し方をする必要があります。

また、「相手がほほ笑んでくれるとうれしい気持ちになる」とか「自分がほほ笑みかけると相手はうれしく感じる」というような感情についての知識を持つことが必要になってきます。相手の表情や感情のこもった言葉から気持ちを理解する必要があることや、自分も相手に自分の気持ちを伝えられるように表現することが大事だといった意識も求められるのです。つまり、こんなとき、人間はこんな気持ちになるものだ、といった感情についてのリテラシー（知識）を身につけていくことが、社会生活を豊かに送るために必要になります。

この本では、こうした感情がどのように発達していくかについて説明します。そして、こうした感情を健全に育てるために、実際に、家庭や学校の中でどのように子どもとかかわっていけばよいかについて、ワークを通して具体的なかかわり方を紹介するものです。

2. 感情についての知識

従来、どちらかといえば知識や思考など、考えたり、学んだりする力がどのように発達するのかということが注目されてきました。特に、どうすれば知能や学力を高めることができるのか、教育や支援のしかたについて多くの研究がなされてきました。

国際的な比較調査のたびに、わが国は、学力や知力の低下について嘆き、今後どのようにかかわっていけばよいかについて、さまざまな教育論を展開してきています。しかし、近年、学ぶ力の前に、そもそも人とかかわる対人力が育っていないのではないかという指摘がなされるようになりました。そのため、社会性やコミュニケーションなどへの関心がかなり高まってきています。

先日も、新聞に、おおよそ70万人がひきこもりに、という大見出しが出ていました。成人しても社会に出ていけない背景にはさまざまな原因が考えられますが、概して、人とうまくかかわる力が育っていないことが根底にあると考えられています。

一方で、イライラしたり、たまりきったストレスから、いきなり、相手を傷つけたり、ときには痛ましい事件を招くなどの非行や犯罪などの問題も、しばしば起こっています。子どもにおいては、いじめ、傷害などの問題が多いですし、親自身も自分の感情をコントロールできずに、育児を放棄したり虐待したりするなどの悲しい事件もこのところあとをたちません。

さらには、他人への怒りを向ける方向は別ながら、自らの命を絶ったりと、いずれにしても、自身の感情につき動かされたまま、自分自身をコントロールできなくなっている人が増えているように思います。たとえていえば、自動車の運転のしかたはわかっているのに、止まり方やスピードの調節のしかたなどを知らずに、アクセルを踏み続けているような不安定さを感じるのです。

もちろん、知的な発達は大切ですが、同時に、自分や他者の気持ちを理解し調整することの大切さを認識し、健全な発達をうながすような環境が求められているように思うのです。こうしたことに関連してか、近年では、知能指数「IQ」というよりも心の知能指数として「EQ」(Emotional Intelligence Quotient)や心の知能「EI」(Emotional Intelligence)という言葉が、マスコミでも注目されるようになっています。ほかの類似した言葉では「社会的コンピテンス」、さらには「感情コンピテンス」(emotional competence)といった言葉があります。

1980 年代になって、図2のように、メイヤーとサロヴェイ（1997）が、「感情知能」という言葉を用いて研究をはじめています。具体的には、①目的達成のために感情を適切に調整する（感情の管理）、②感情を表す言葉やシグナルを理解する（感情の理解）、③思考を促進するために感情を利用する（感情の利用）、④自他の感情を正しく知覚する（感情の知覚）、の4つからなると考えられています。こうした感情の能力の構成要素を明らかにし、個々の人間がどのぐらいの能力を有しているかを測るようなさまざまなアセスメントの方法も開発されてきています。

図2 感情知能の4枝モデル

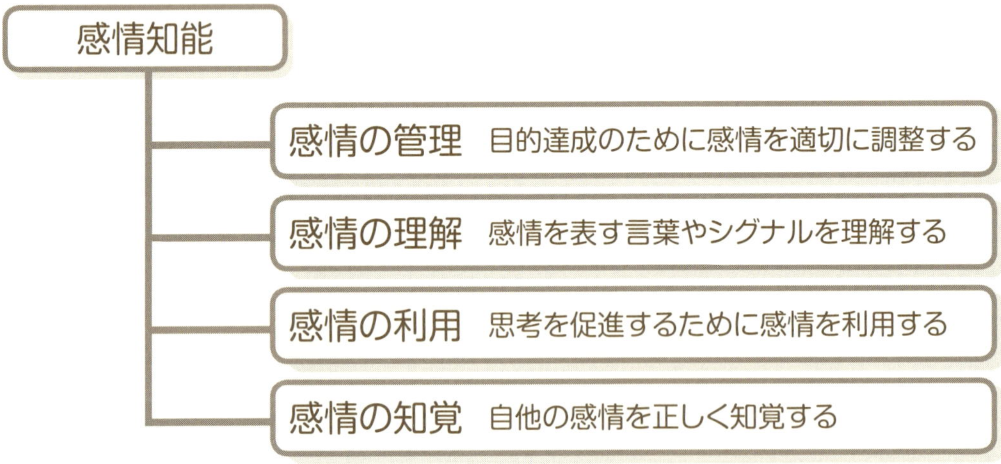

（メイヤーとサロヴェイ,1997）

3. 最近の子どもたち

近年、友だちとうまくコミュニケーションできない子どもたちが増えてきています。いったい、友だちとうまくかかわれない子どもたちは、どこに問題があるのでしょう？　友だちとかかわりたい気持ちがあっても、その気持ちを相手に伝えることができなければうまくいきません。あるいは、相手の気持ちを適切に読み取れなければ誤解や行き違いになります。つまり、先にも述べたとおり、自分が今どんな気持ちを感じているのか、同様に他人はどのような気持ちでいるのかを正確に把握できなくてはなりません。

また、何かを考えたり、学んでいくうえで自分の気持ちを集中させたり、特定のことについて楽しい気分にさせるようなことにも感情の働きは大切です。一見、考えるということは感情が伴っていないように思いますが、実は、感情と考えることとは表裏一体の関係にあるのです。

その際、もやもやとした気持ちを、「不安だ」「ストレスだ」「退屈だ」「うしろめたい」など、自分が感じている状態により近い言葉で表現して認識できることが必要です。説明がつくことで、落ち着くことができますし、人に相談することも可能になり、対応することができるようになります。そのためには、感情についてのボキャブラリーを増やすとか、「明日は旅行でわくわくしているけど、天気が良いかどうか心配」といった楽しい気持ちといやな気持を同時に持つ場合があるといった入り混じった感情についてのリテラシー（知識）が必要になってきます。

いじめや不登校の解決に向けても同じことがいえます。感情についての知識や理解、表出といった力が弱い子どもが少なくありません。現代の不登校は「葛藤なき不登校」と呼ばれて久しいですが、なぜ、学校に行きたくないか、行けないのかといった説明を本人が説明できないという問題が指摘されています。つまり、自分の心の様子や気持ちの変化を言語化できないことが多いのです。また、現状を打破しようという力が育っていないともいわれています。友だち関係において自分が浮いている、あるいは、友だちから阻害されているという意識についても悲観的に考える傾向が強いなど、他者の心の推測を正確に判断できているかどうかといった問題が指摘されることもあります。

もちろん、いじめる側には、さらに大きな感情の問題があります。相手の気持ちを読み取れないことや、イライラした気持ちをコントロールできないなどの問題が考えられます。

4. 考えること、行動すること

繰り返しになりますが、いじめについても、感情の問題が大きいと考えられます。感情にはいろいろな感情がありますが、特に、いじめについては、「怒り」や「敵意」といった感情が関連します。またこうした感情によって引き起こされる行動として攻撃行動を取り上げることができます。かつて、いじめについては、"欲求不満攻撃仮説"によって説明されていました。加害者が、欲求不満を軽減させようとして、攻撃行動を引き起こすと考えられたのです。

図3 社会的情報処理理論

```
         ❹ 反応の検索と構成
        ↗     ↕         ↘
❸ 目標の明確化      ┌─────────┐    ❺ 方略の効果の評価と
   ↕           │ 子どもの状態 │       反応の選択
   ↑           │ ・過去の経験 │         ↕
   │           │ ・社会的期待 │         ↓
❷ 社会的手がかりの    │ ・社会的規範の│    ❻ 反応の遂行
   解釈          │   知識    │         ↓
   ↕           │ ・情緒性／情緒│    ┌──────────┐
   ↑           │   制御のスキル│    │ 仲間の評価と反応 │
❶ 社会的手がかりの    └─────────┘    └──────────┘
   符合化
```

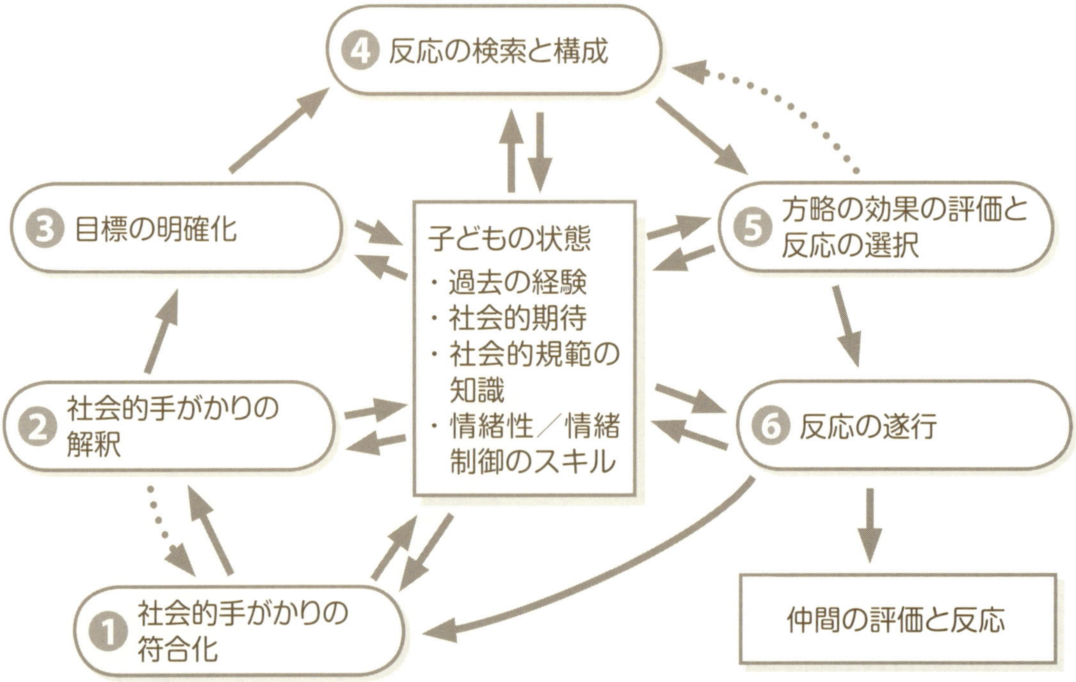

(Crick & Dodge,1994; Lemerise & Arsenio,2000を改変)

しかし、必ずしも、欲求不満をいだいていても攻撃的にならない人もいることから、〝強化理論〟から説明されることもあります。この理論では、集団内の社会的地位が上がるとか、金品を巻き上げることができる、といった何かしら正の報酬（強化）を受けることを期待して、いじめが生じるという説明がなされます。

しかし、最近は、図3のように、攻撃行動が多い子どもたちについては、〝社会的情報処理理論〟で説明されるようになりました。人の一連の行動を、情報処理のプロセスとして考えます。例えば、歩いていて肩と肩がぶつかった場合を考えてみましょう。私たちは、まずなぜぶつかったのか瞬時に考えます。相手がわざとやったのか？　自分がぼやっとしていたから？　などです。

相手がわざとやったと解釈した場合には、「怒り」がこみ上げてくるでしょう。自分がぼやっとしていた場合には、「申し訳ない」という気持ちになります。次に、相手とこの先どのような関係でいきたいか、つまり、うまくやっていくべきかどうかなど対人関係の目標について考えます。見ず知らずの関係で、とりたてて仲良くしていかなければならない関係でなければ、わざとしてきたと考えた場合には、怒りのままに行動するかもしれません。あるいは、相手がぼんやりしていたととらえれば「気をつけろ！」とどなったりするかもしれません。知り合いであれば、たとえ故意かもしれないと考えても、気にしていないふりをするかもしれません。一方で、自分がぼんやりしていたと考え、相手と仲良くやっていきたいという場合には、「ごめんね」と謝る行動を選択するというわけです。

その際に、どういった行動を具体的にとればよいかについては、あれこれ考えるでしょう。無視してしまおうか、どなろうか、謝ろうか……。さまざまな行動を考えて、どれがベストかを選ぶことになるわけです。つまり、解決策をできるだけ多く検索したり、ベストな解決方法を決めたり、といった情報処理的なモデルをもとに説明されるわけです。

そして、いじめなどの攻撃行動を選択する子どもの特徴として、「データベース」や「プログラム」の問題が考えられます。例えば、友だちが急に遊べないと電話をかけてきた場合など、たいていの状況に対してネガティブに「裏切った」「わがままだ」ととらえる認知のゆがみを指摘することができます。実際には体調が悪くなったのかもしれないし、家で急な用事ができたのかもしれません。しかし、攻撃的な子どもたちは、自発的にそのような原因を考えられないことが多いわけです。

その結果、行動についても、怒る、無視するといった関係を壊すような行動しか思いつかないことになります。このように攻撃的な子どもたちは、解決策を考えるうえで「データベース」の内容が攻撃的なものに偏っている場合が多いのです。そのうえ、考える力が弱いために、特定の行動ですぐに反応してしまうなど、プログラムが適応的に機能していないと考えられるわけです。

したがって、こうした攻撃的な行動を起こす子どもたちの対応としては、従来は、考える力や行動する力を伸ばすことに焦点が当てられてきました。例えば、ソーシャルスキルトレーニングという方法では、考え方を柔軟にし、原因を多様に考えていくようにトレーニングを行ったり、行動も攻撃行動ではなく、相手に受け入れられるかたちで自分を表現するような行動を教える方法によって、行動のレパートリーを増やすかかわりがとられてきました。

5. 感情の調節

しかし、考え方を柔軟にし、行動レパートリーを広げるようにトレーニングしても、いじめをなくすことが難しいことがわかっています。本来なら、小学生にもなれば、人をたたいてはいけない、いじめてはいけないと頭ではわかっています。冷静なときであればさまざまな行動の選択も可能になります。

　しかし、現実にいじめがなかなかなくならないのは、頭ではわかってはいても、自分の怒りや悲しみ、イライラといった気持ちを調節することがとても難しいことだからと考えられます。そのため、不適切な行動をする結果になってしまうのです。つまり、考え方や行動にのみ焦点を当てていても、感情そのものが調節できないと、いじめは予防できないのです。したがって、感情そのものに焦点を当てて、感情をうまく調節することの意味や、方法などを身につけることが必要です。

　そこで、こうした力をどのようにすれば身につけていけるのか、についていろいろな努力がされてきました。図4のように、対人関係を開始し維持するソーシャルスキルをはぐくむ心理教育プログラムは、考える力を柔軟にするトレーニングと行動のレパートリーを増やして適応した行動を遂行できるように注目してきました。しかし、感情そのものに焦点を当てる必要性が指摘され、最近では、感情に焦点を当てて、考える力、感じる力、行動をする力の3つを総合的に伸ばすことが考えられるようになってきたのです。

図4 法政大学式ソーシャルスキルトレーニング

過去のことを糧にして　　　　　　良き未来を見通して

動機づけ

状況 → 認知 ⇔ 感情 ⇔ 遂行 → 成果

- 認知：柔軟に考える　豊富な情報を取り入れる
- 感情：自分の気持ちを調節する
- 遂行：適切な行動をする　行動レパートリーを増やす

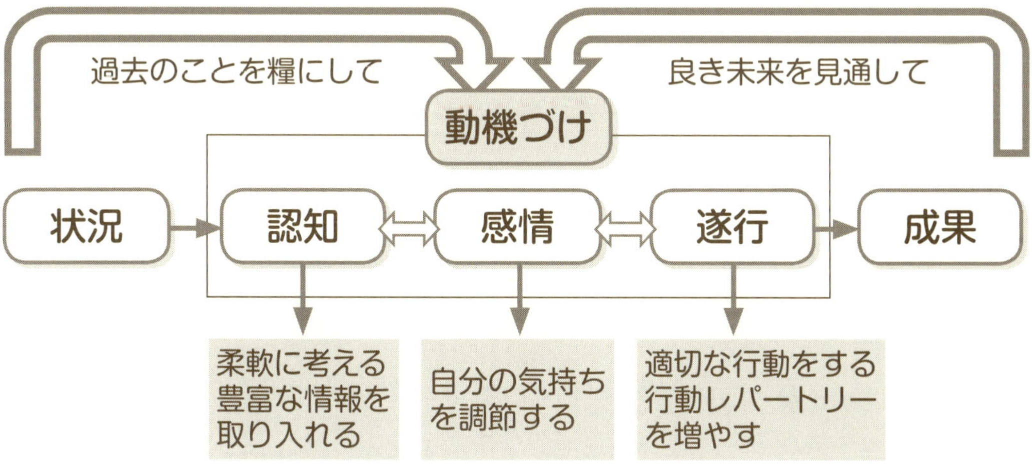

6. 感情の発達

さて、感情の力を育てる必要性を指摘しましたが、そもそも感情はどのように発達していれば健全といえるのでしょうか。どう考えても、幼児期の子どもたちが大人と同様に気持ちをコントロールできるとは思えません。ちょっとしたことですぐ泣きますし、いろんなことを怖がったり、興奮して遊びはじめると、「やめなさ〜い」と言ってもいつまでもやめることができないものです。

しかし、一方で幼児期だけをよく見ていると、3 歳と 4 歳は明らかに違いますし、4 歳と 5 歳もかなり違っています。個人差はありますが、確実に、感情を表現するボキャブラリーは増え、相手の気持ちを感じ取る力、自分の気持ちを表現する力も伸びていくのがわかります。それは、児童期に入るとさらに発達していきます。

このような感情の発達を知らずに、いたずらにトレーニングをしても、無理強いになります。

まずは、健全な感情の発達を理解することが必要です。健全な発達の理解のもとに、いくらか停滞あるいは気がかりに感じたときに、早めにかかわっていくことが大切なのです。

ここでは、こうした感情の発達について一般的に明らかになっていることをまとめてみました。感情についてはまだわからないことがたくさんありますが、興味深い知見もたくさんわかっています。その明らかになっていることを、次に説明します。

乳児期

赤ちゃんのときには、まだ感情の種類が明確に分かれていません。外からの刺激や、生理的な快、不快の情動に揺さぶられているだけです。そうした情動の揺れの中に、自分の意味を見いだすようなプロセスが成り立っていないことから、「先駆的情動」と呼ばれています。基本的には、苦痛、嫌悪、驚き、快さといった情動が主だと考えられています。生後まもない数か月の間に存在していたこの情動が、しだいに変化したものとして、以下のような感情があります。

0歳の発達

怒り：0か月　身体の拘束による苦痛
3か月　欲求阻止への反応
6か月　怒り

恐れ：0か月　驚き
4か月　警戒・用心
9か月　見知らぬ人への恐れ
12か月　恐れ

喜び：0か月　生理的微笑
2か月　親しい人に顔を向ける、快さ
4か月　楽しみ、社会的微笑
6か月　喜び
9か月　達成の喜び

また、スルーフ（1996）によれば、乳幼児期に見られるさまざまな感情は、①楽しさ・喜び系、②用心・恐れ系、③フラストレーション・怒り系、の3つに分けられると考えられています。感情を「事象の内容や評価に基づいて生じた内容」と定義したうえで、喜びや恐れ、怒りの「真の感情」が生じるのは、5か月頃といわれています。それまでは、ものごとの評価などから生じる感情というよりは、単なる刺激によって生じることから、「前感情的反応」と呼んで区別されています。

生後3か月を過ぎたあたりから、刺激の内容に応じた反応が見られるようになり、いわゆる「先駆的感情」が観察されるようになるわけです。そして、生後5、6か月を過ぎる頃になり、記憶力が出てくると、過去の経験に照らし合わせたうえで、物事の意味が評価されるようになります。個人的で主観的な意味にもとづく感情がようやく見られるようになるのです。

例えば、喜びについては、生後6か月を過ぎてくると、「いないいないばあ」など、よく知っている母親のイメージが変化するときに、ガハハと笑い声をたてるという様子が観察されています。恐れについては、知っている要素と知らない要素が混じり合ったときに生じると考えられます。知らない要素を見つけたときに、知らない人の顔から注意をそらすことができなくなり、恐れを感じるようになります。

怒りのシステムについては、自分のしようと思ったことが妨げられたときに生じます。言葉で自分の気持ちを説明できるようになるまでは、子どもは「かんしゃく」といったかたちで気持ちを発散します。子ども自身も、自分の内側でわき上がってくる気持ちの正体がわからず、しかもそれをどのように伝えたらよいのかについてもすべがないため、かんしゃくというかたちで爆発してしまうのでしょう。

1歳の発達

1歳になると自分が他者から見られる自分を意識するようになります。そのため、照れたりするようになります。

2歳以降

文化的規範や標準を内面に取り入れるようになり、自分のすることが適切かどうかを評価しはじめます。そのため、他人から認められるかどうか、叱られるかなどに敏感になります。感情を言葉で表すようになるのは、2歳頃からです。

他人の表情からの感情の理解もできるようになり、幼児期の終わり頃には、感情は複雑なものだという感覚も持てるようになるようです。「ママのこと好き?」「うん。でも、怒ると怖いよ」といった表現ができるようになります。さらには、感情を調整するという力が発達してきます。お絵描きの時間に熱中できたり、またやめるように言うとやめられたりといったコントロールができるようになります。

3歳以降

自分の感情を調節しようという行動がしだいにできるようになります。目の前にあるおかしや食べ物にすぐ手を出さない、など、短い時間であれば、がまんできるようになります。食べたいものから目をそらすなどの簡単な方法を身につけて使うようになります。したくないことも、やりなさいと言われて、いやだという気持ちを抑えてできるようになります。

ただし、長い時間や、大人のいないところなどでは難しい時期です。理解も、表情や行動から相手の気持ちを理解するようになります。うれしいけど恥ずかしいといった、2つの感情を同時に体験することも、身近な状況であれば理解しはじめます。また、過去においても、間もないことであれば、「昨日の運動会は楽しかったね」といったことは理解し、思い出して同じ気持ちになることができるようになります。

4歳以降

4、5歳までには、うしろめたい気持ちである罪悪感を持つようになり、小学校に入学すると、しだいに表現が細やかになります。ただ、悲しい、うれしいといった単純な表現ではなく、とってもうれしいとか、すごくいやな気持ちになった、とか自分の感じ方の程度や状況を細やかに説明しようとします。理解についても、同時に、ポジティブとネガティブの両方を感じることもありうることや、2つ以上の混ざり合った気持ちを持ちうることに気がつくようになります。怖いけどやってみたいとか、ドキドキするけどうれしいといったことです。また、気持ちが何によって引き起こされているかという因果関係についても理解するようになります。

児童期の発達

8歳頃になると義務を果たさないとか約束を破るといったこと、10歳以降は信頼を裏切る、不誠実な対応をするといったことに道徳的な善悪の感情を持つようになります。今までの感情についての理解や表現は、おおよそ12、13歳をピークとして、あとはそれぞれの経験とともに深められていくと考えられます。

7. 感情のリテラシーの発達

年齢別に見られる主な感情の発達について概観します。感情の発達を「表現」と「理解」という2つのカテゴリーに分けて発達を整理することもできます。表1 は、感情の発達（Shaffer, 2005 を修正）を整理したものです。

表1 感情の発達

3歳から6歳	表現	感情をコンロールする認知的な方略が用いられます。
	理解	身体の動きから感情を理解します。同時に2つの感情を体験することを理解します。過去を思い出すことによって感情が生まれることを意識します。
6歳から12歳	表現	感情の表出のしかたが精錬されます。正しいとか優れている、といった基準に照らして感情を意識するようになります。感情の表現が多様で複雑になります。
	理解	同じ出来事について人によって感じ方が違うことを理解します。同時に相反する、あるいは混ざり合った複数の感情を持つことがありうることを意識します。自分の感情の原因を理解するようになります。
13歳から18歳	表現	ホルモンの影響を受けたり、日々の厄介なことからネガティブな感情を抱くことが多くなります。
	理解	感情の理解のすべての側面の発達が深まります。が、感情の機能の観点から発達を見ることもできます。

（Shaffer,2005を修正）

8. 感情の表出の発達

自分の心の中に感じている感情を、外に表現していくプロセスにかかわっているのは、表情、声のトーン、身ぶり手ぶりといったしぐさ、姿勢、そして言葉です。感情を正確に表出するためには、こうしたものを組み合わせることになります。

感情を相手に正確に伝え、相手に理解されるように伝えることによって、親密な人間関係が形成されるようになります。子どもは年齢にそって、社会で受け入れられるかたちで、どのように感情を表出していけばよいかを学んでいくわけです。

この観点からすると、1 歳でも、苦痛などの感情表出をがまんするようになります。3 歳では、ある状況でどんな感情を抑制するべきなのかについて、しだいに暗黙の社会的ルール（社会的感情表出規則）

を理解するようになると考えられます。

4 歳になると、他人への共感の能力が発達し、欲しくないプレゼントをもらっても相手を傷つけまいと、うれしそうにすることが明らかになっています。そして、6 歳になると、誰かが傷つきそうなとき、本当の感情は隠したほうがよいと考えることができるようにもなります。

9. 感情を育てる

感情がどのように発達していくかについて説明してきましたが、近年、虐待や育児不安など親のほうがキレたり、うつ気味になったりと感情をコントロールできないありさまです。適当なモデルもなく、安定した愛情も注がれない中で、感情がうまく育たない子どもたちも増えてきました。親自身が、感情のコントロールのしかたについて学びたいというニーズも出てきているくらいです。

そこで、最近では感情の発達理論にもとづいて、感情についてしっかりとはぐくむことを目標にしたカリキュラムがつくられるようになりました。表2に、カリキュラムをのせましたが、おおよそ、4つの柱から構成されています。

1つめは、自分の気持ちに気づく柱、

2つめは、他人の気持ちに気づく柱、

3つめは、感情を調整する柱、

4つめは、関係づくりの柱、です。

こうしたそれぞれの柱は独立してはぐくまれていくというよりは、むしろ互いに影響し合って育っていくと考えられます。どんな言葉や状況がどのような感情をもたらすのかや、気持ちが行動に影響を与えることについての気づきを得ることが大事です。同時に、自分と他人

表2 感情リテラシーの発達のアウトライン

※4つの柱のそれぞれに、理解と表現を考える。年齢は、7歳を前後に2段階として考える。

年齢	感情の複雑さ	自分の気持ちに気づく(自己覚知)	他人の気持ちに気づく(他者覚知)	気持ちを調整する(マネジメント)	関係づくり(ソーシャルスキル)
幼児から小学校低学年	うれしい 悲しい 怒り 恐れ 愛される 楽しい 寂しい 飽きた 心配な 恥ずかしい 罪悪感	1. 感情を感じる 2. 自分の気持ちを知る	1. 他者の基本的な感情を知る	1. 調整することの難しさを体験する	1. 大人のものまね 2. 代わりばんこ(順番/交代)など簡単なスキルを知る
		3. 感情の幅を理解し、経験を話す 4. 感情の引き金を知る	2. 他者の感情を知る手がかりに気づく	2. 感情と行動の違いを知る	3. 感情をシェアする能力を伸ばす 4. 友だちと一緒に遊べる
		5. すべての感情に意味があることを理解する 6. 感情の手がかりを知る	3. 感情が引き起こされることや感情の果たす役割を知ることができる	3. さまざまな感情への反応や感情を調節することができる 4. 感情表現の的確さと不的確さの違いを知る	5. 友情の理解が深まる
小学校低学年から中学年	上の感情プラス 欲求不満 落ち着いた がっかりした みじめな 嫉妬 うらやましい あこがれる プライド 臆病 期待 傲慢	7. 感情と関係のある機会や状況を意識する 8. 非言語表現に気づく	4. 他者の感情に関係のある機会や状況を意識する	5. 怒り、恐れ、心配、孤独へと適切に対応するようになる	6. 集団でうまくやるのに必要なスキルを学ぶ 7. 自分の強さと弱さを知る(長短)
		9. 感情に伴う生理的な変化を知る 10. 感情は時間や状況によって変化することを知る	5. 他者の感情に影響する自分の気分や行動を知ることができる(その反対もあることに気づく)	6. リラックスしたり視覚的なテクニックを使ってさまざまな感情をマネジメントする	8. 葛藤状況の意識、解決方法を理解する
		11. 自己に同時に起こる複数の感情に気づく 12. 感情を秘める(隠す)能力を持つ	6. 共感性の意識、それを示す能力 7. 他者の感情の変化を知り、感情と出来事を結びつける	7. 状況をポジティブにとらえる 8. 自己と他者の悲しみのマネジメントをする	9. 人種差別など人の存在に焦点を当て、平等や差別の理解を伸ばす
		13. 意識して感情の変化を知ることができる 14. 自分の感情に個人的な責任を感じる	8. 他者にも同時に複数の感情が起きていることを知ることができる	9. 拒否、罪悪感、嫉妬、落ち込み、怒りに対して適切に対応する 10. 感情をポジティブに利用して動機づけを高める	10. 対人関係を円滑にいとなむスキルを伸ばす

(コーウェルとバンディ,2009にもとづいて新たに作成)

の共通性や違いを理解する必要があります。そして、それを利用して、自分や他人の行動を変えたり、前もって言葉や状況を変えて将来の感情を操作できるようにもなるのです。発達時期ごとにどのようにかかわればよいかについて考えてみましょう。

乳児期

●徒弟制（emotional apprenticeship）の時期

親は、自らの身体、声、表情などを乳児と合わせながら（感情調律）、「今、ここで」の乳児の感情状態を調整することが多い時期です。将来的に、少しずつ、自分で感情状態を調整できるようになることを注意深くうながすような働きかけをします。子どもはまだ話せませんが、親が話す、あるときのエピソードに伴う感情について語りかけるようになります。そして、そのときのエピソードを思い出して話すようになり、さまざまな感情に向き合う力をはぐくむことにつながると考えられています。

これに対して、親が自分自身の怒りや苦悩をしょっちゅう表出している場合は、子どもの怒りや苦悩を、とるに足らないささいなものだととらえてしまいがちです。そのため、子どもはあまり反応してもらえないことから、表現しなくなります。そのため、親が子どもの感情についてどのような意識や態度を持つかという「親のメタ感情」にまずは気を配る必要があります。

幼児期

●コーチする（emotional coaching）時期

幼児期の終わり頃になると、子どもが直面している問題について一緒に考えるようになります。それが、感情のコーチになっていると考えられます。

ゴットマン (1997) は、5つのステップを考えています。

①子どもの感情に気づく

②子どもが感情的になっているときは、子どもと感情について話し合うチャンスだと考える

③子どもの感情を無視したり、軽視したり批判したりせず、じっくりと共感的に聞く

④親なりの言葉で子どもの気持ちを言いかえて伝えてみる

⑤子どもの直面している問題について、その解決策をともに考えるというステップです。

その際、子どもの言動に行き過ぎたところがあれば、節度を守るよう伝えることを指摘しています。これらのステップは、自分の感情に不安を持たず、感情を適切に調整し、直面している問題を解決する力をはぐくむことにつながるとしています。

児童期

フーベン、ゴットマン、カッツ （1995） は 5～8歳の子どもを対象にして、親自身の怒りや悲しみといったネガティブな感情について自覚したり、そうした感情も役立つととらえていることがその後の社会情緒的な発達をうながすことを明らかにしています。さらには、子どもが多様な感情を経験していることに親が気づき、感情に対処する方略について一緒に考えてあげることが大切です。

5、6歳になると、うれしいといったポジティブな感情と悲しいといったネガティブな感情の両方を感じているといった多重な感情を理解する兆しが見られはじめます。ただし、子ども自身がこうした感情について理解するためには、大人からのかかわりが必要です。「その子は、うれしい気持ちと悲しい気持ちの両方を体験しているみたいね」

といったかかわりです。

11、12歳になると手がかりをあげなくても、いくつかの感情が入り混じる状況を自分から考えることができます。自分自身の経験を話すことができるようにもなります。つまり、一つのことに対してうれしい気持ちと悲しい気持ちの両方をいっぺんに感じるということがわかるようになるのです。また、友だちの言い方からも、自分への賞賛と嫉妬の入り混じった気持ちを感じるといった経験もするようになります。他者の感情の理解についても繊細なものになっていくわけです。

したがって、児童期は、メタ認知的な能力の向上とともに対人関係についても経験に広さと深みを増し、他者との関係性に応じて感情のやりとりも様相が違ってくるといった経験をするようになります。

対人関係についても、親に対して、友だちに対して、といったように対象となる相手によって同じことを言われても抱く感情が異なってくるのがわかるようになります。友だちについても、小学校低学年では、友だちは、一緒に遊んだり、しゃべったりする人ですが、中学年以降になると困ったときに互いに助け合ったり、苦しいときに励まし合ったりする関係となります。仲間からなぐさめられたり、励まされると情緒的な安定を得られることを悟るようにもなり、仲間関係が大切なことについて深く認識するようになります。

このように、感情の発達について幼児期から児童期へと概観すると、

①新しい感情が出現し、多様になってくる

②感情の表出の頻度と強度が減ってくる

③感情は「脱身体化」し、表出反応や身体反応は外から見えにくくなる

④感情の強度、持続時間、質は自発的に修正されるようになる

という方向性があることがわかります。

10. 感情を育てる方法

このように、感情についての知識や理解、表出は年齢とともに発達していることがわかりました。それでは、こうした発達は自然に身につくのでしょうか。「自然に」という言葉がくせものです。本来は、特にわざわざ意識せずとも、生まれたときから親、きょうだい、地域の人、親戚、などたくさんの人々とのかかわり、泣いたり笑ったりといったさまざまな経験を重ねることで感情の力も伸びていくものでした。

「泣いてばかりではいけないよ」とか「怒ったらダメ！」などと、感情についての対処のしかたなど感情にかかわる知識を教えられて学んでいくのです。また、多くのモデルを見ることによって、対人関係をうまく築けるように自分の気持ちを調節するスキルを獲得することができたわけです。

しかし、近年、この「自然に」任せて、大丈夫という太鼓判を押すことが難しい環境に育つ子どもが増えてきているように思います。親やそれ以外の人とのかかわりも少なく、遊びも様変わりしています。人とかかわることが少なく、さまざまな感情を経験できなくなってしまいました。そのためか、感情について鈍化したり、逆に研ぎ澄まされたようにピリピリして、「むかつく」「キレる」などの言葉でしか表現されない状況になりつつあるようです。また、けんかをする経験や、けんかをしても仲直りするといった体験が少ないことから、対人葛藤をうまく解決するすべがわからない人が多くなったようにも思います。

この本では、こうした問題を予防し、本来はぐくまれる感情を育てる方法を提案しています。発達に応じた感情の獲得を可能にするようなカリキュラムとワークについて具体的に紹介します。感情の「知能」の４領域を参考にして、4つの柱を組み、年齢に応じて無理のないように育てていけるワークを年齢別に整理しています。コーウェルとバンディ(2009)の枠組みを参考にしています(表2=27ページ)。

Ⅰ：自分の気持ちを知る（自己覚知）：自分の感情の認識と理解

Ⅱ：他人の気持ちを知る（他者覚知）：他人の感情の認識と理解

Ⅲ：感情のマネジメントと調節（感情のコントロール）

Ⅳ：関係づくり（ソーシャルスキル）

発達の時期は、大きく幼児から小学校低学年と、小学校低学年から中学年の2つに分けて、下記の4つの領域のそれぞれを伸ばすことのできるカリキュラムを提案しています（実践編）。

①自分の気持ちに気づく

②他人の気持ちに気づく

③気持ちを調整する

④他人とうまくかかわる

この本の使い方として、この４つの領域を１セットとして、それぞれに「ワーク」を１つずつ「実践編」で紹介しています。全部で９セット、つまり36のワーク（１つのワークをおまけにしています）をとおして感情的コンピテンスを育てていくようにつくられています。

11. 感情のカリキュラムの説明

社会的および感情的コンピテンスを教えるプログラムは、学力だけでなく、生活するに当たって高い意欲をもたらし、教育的には大きな効果を発揮します。そして、親や教師は、子どもたちに感情を調節し理解するスキルの発達をうながすことに大きな役割を持ちます。

これまでの研究から、感情が発達することは明らかなわけですから、何らかの問題を抱えないためにも、積極的に開発し、予防的に望ましい環境を与えていくことが重要です。

具体的には、感情のボキャブラリーを広げること、自分の感情や他人の感情を認識し理解させること、セルフコントロールによって、感情を適切に表現すること、互恵的な関係や友情を確立し発展させ維持するのに必要なソーシャルスキルを発達させること、になります。

幼児期、児童期をとおして共通して提案できるアイデアとして、キャラクターを登場させたり、お話タイムといった感情について注目する時間を設定する、ということが考えられます。キャラクターは、感情について教えるときにいつでも利用できるモデルになります。良いモデルとしても、悪いモデルとしても登場させることができますし、友だちのいない子にとっても、友だちのように考えられる存在として機能します。

そして、お話タイムは、みなが集まり、交代で自分の気持ちを話す場をつくるなど、子どもたちにとっての居場所づくりとなります。そこで、集中して多くのことを学ぶことができるのです。

先ほどの4つの領域のいずれにおいても利用できる方法として、大きく2つあります。一つは、理解や表現の練習に、気持ちカードや状況カードを利用することです。マンガ、絵本の登場人物をもとにして、バッジ、ステッカー、顔カードや状況カードなどをつくり、気持ちについて教えることができます。

また、お話タイムについては、例えば、「……のときうれしい」といったことをみんなで話します、言葉を出さずにサイレントで、笑った顔を順々にしていったり、うれしい気持ちを感じた人同士は座る場所を交換するなどの野菜バスケットを応用したゲームをするとよいでしょう。また、歌やお絵かきを伴って、感情についての知識を増やしたりします。みんなを楽しく参加させることがポイントです。

次に、4つの領域それぞれについて育てるポイントと次の実践編で紹介するワークの土台となる具体的なかかわり方について例をあげて解説していきましょう。

1. 自分の気持ちに気づく

○気持ちを開放し、基本の感情を理解すること
○感情には広がりがあることを理解し、自分が経験した感情の話をする力を育てること
○自分の感情を引き起こす引き金について理解すること
○すべての感情が役に立ち、人間として感情があることの大切さを理解すること
○自分の感情を知る手がかりを理解すること
○感情に飲み込まれないようにするすべを知ること
○感情は、言語的でない表情やしぐさからも想像できること
○生理的な変化があることについても理解すること
○感情が変化するには理由があることを知ること
○同時に複数の感情があることがわかること
○他者から感情を隠したくなる状況があることに気づくこと
○感情的な変化が自分に起こる可能性を予測できるようになること
○自分の感情について個人的な責任をとる必要があることを道義的にも学んでいくこと

それでは、こうした理解をうながすために具体的にどのようなかかかわりをするとよいのでしょう。

◎感情をオープンにする

動かずにぼんやりと考えごとをしている子に、「今どんな気持ち?」とたずねてみましょう。

◎自分の感情を理解する能力

「新しいおもちゃをもらってうれしそうね」と働きかけて、おもちゃをもらうとうれしいという気持ちが伴うことや、自分が感じている気持ちは「うれしい」という感情であることを言葉で伝えていきます。

◎自分の感情経験について話す能力

ぼそぼそでも、単語だけ並べるだけでも、自分のお話をしはじめたら、よく聴いてあげましょう。

◎感情の引き金になることを理解する

「お母さんが弟のことばかりしていると、○○ちゃんは、おこりんぼうになるね」

など、何がどんな気持ちを引き起こすか教えてあげましょう。

幼児から低学年

【ワーク例】

- 感情の言葉をたくさん持つようにしむけます。

（例）感情の類似語を書きます。

こわす ← 怒り → ぷんぷん

なぐる ↙ ↓ ↘ かっかする

イライラ

- 感情について理解するため、小学生になれば「気持ち」について書かせてみます。

「どんな気持ちか」「なぜそんなふうに感じるのか」「そんな気持ちになるのは良いことか」など、自分を見つめて書いてみます。絵に描いてもよいでしょう。

- 感情の広がりを知ります。

（例）興奮しているとき　→　頭：考えがまとまらない

表情：笑い

お腹：なんだかザワザワ

足：じっとできない

- 自分の感情について内省し、感情の幅などを認識する力をつけます。

  靴箱などを利用して、「感情ボックス」をつくり、いろいろな感情を表した絵やメモを入れ、みんなでそれについて話し合います。
- 自身の感情のノンバーバルな側面を知ります。

  新聞、写真、雑誌で、感情を表した表情を見せます。まねっこしたり、感情当てゲームをします。先生は、「椅子を前後ろにゆらすのは、退屈だからなのよ」といったフィードバックをするようにします。

低学年から中学年

【ワーク例】

- ロールプレイをします。
- 感情が変化すること、なぜそうなるかについて認識させます。
- 日記、映画、話などの中で気持ちの変化に気づかせます。
- 感情に伴う生理的変化に気づかせます。
- 感情を感じた期日、感情の引き金、そして生理的変化を考えさせます。
- 人形や人形劇のシナリオを作成します。

  シナリオをつくるうえで、いろいろな気持ちを考えることができます。
- 感情の上位概念と下位概念の対応を考えます。

上位概念 … 誇り

下位概念 … 幸せ　喜び　興奮

● 感情、考え、行動の関係について考えます。

考え … 感情 … 行動

意地悪された → ムカムカ → 攻撃行動

● 自分の中に隠れている感情を意識したり、それを認識する能力を育てます。

雑誌やドラマなどを利用し、ペアや小グループワークで話し合います。

相手が悲しいときに、自分のうれしい気持ちを隠すなどの配慮が良いかどうかなどを話し合います。

● 自分の中に同時に複数の感情があることを理解します。

時間の流れとともに、各イベントでの気持ちを複数考えてみます。

● 感情を内省する経験をさせます。

感情を表示するボードを用います。

● 自分の中の感情の移り変わりを意識する能力を育てます。

・ペアワーク：「今どんな気持ち」「後でどんな気持ちになる」とインタビューし合って気づかせます。

・2つの気持ちカードを選び、最初の感情から次へと移り変わるシナリオをつくりロールプレイさせます。

● 学習において感情が重要であることを理解させます。

スローガンを考えたりします（例：楽しんで勉強するぞ！ など）。

2. 他人の気持ちに気づく

○ 他者の基本的な感情を知ること

○ 他者の感情の手がかりを知ること

○ 他者の感情を喚起する引き金を知ること

○ 他者の行動に及ぼす感情、感情に影響する行動の影響について

理解すること

○他者の感情によりそったり離れたりすることをメタ的に理解すること

○他者のために共感を示すこと

○他者の感情の変化について知り、適度に出来事と関連させること

○他者の感情に同時に別の感情があることに気づかせること

幼児から小学校低学年

【ワーク例】

● 他者の写真をデジタルカメラで撮って、表情から気持ちを考えさせてみます。

● うれしい歌や悲しい歌を歌ってみます。

● 文章の完成：「だれだれが、なになにの理由で怒っているとわかる」など、文をつくります。

● 他者の感情や手がかりを学びます。

・気持ちカードをつくって、表情やボディランゲージで表現し、当てっこします。

・電話を利用して、声で気持ちを当てます。

・エピソードから、他者の気持ちを考えます。

● 外には表れていないけど他人もいろいろな気持ちを感じていることを理解します。

・文章をつくらせます。例：あくびしているとき彼は退屈と感じています。

・サイレント・ゲーム：「今日さびしそうにしている友だちを見た人は立ち上がって?」と質問し、何も言わずに経験した人が立ち上がります。

・物語や歌を利用します。

・パペットショー（人形をつくって気持ちを投影させます）をやってみます。

● 他者の感情を引き起こしていることが何かを考えさせます。また、自身の役割について認識させます。

小学校低学年から中学年

【ワーク例】

● 他者の感情によりそったり、はなれたりすることを経験します。
自分は、海は楽しいと考えても、溺れる経験をした人は怖いと思うだろうといった、同じ物事でも経験などにより気持ちが違うエピソードを考えます。

● 自分や他者の行動が感情に及ぼす影響を理解します。
マンガづくり、自分の行動⇒他者の感情がわかるようなワークシートを使います。

● 共感の意識を育てます。
「○○さんは、どんな気持ちでいるのか、その気持ちをやわらげるにはどうすればよい?」などの質問をし合います。また、みんなで、支援の方法を考えたり、手紙を書いてあげるとしたら、どんな手紙を書くかなどを考えます。

● ペアで互いに何がしたいかたずね合います。

● 友だちが関心を持っていることについて当てっこをします。

● 友だちとのやりとりのうえで、ウイン・ウインの意味や、ブレインストーミングの方法について教えます。

● 他者の感情変化や何がそれと関係したかを理解します。
映画の主人公について感情のプロファイルをつくったり、感情の変化をもたらした引き金を考えます。

● 他者の中で同時に生じる複数の入り混じった感情に気づかせま

す。

状況カードを引いて、複数の感情をあげてみます。

例：「誕生日パーティに行く」→「興奮する」「嫉妬する」

3. 気持ちを調節する

○自分の感情に責任をとること
○感情を平常に維持しようとすること
○感情についての適切な表現と不適切な表現を区別すること
○学習における感情の役割を理解すること
○怒り、恐れ、心配、孤独、欲求不満、悲しみに適切な方法で対処すること
○リラクゼーション、鎮静化するスキルの利用で感情をマネジメントすること
○状況をよりポジティブな方法で再解釈すること
○拒否、罪悪感、嫉妬、怒りの感情をもっと適切な方法でマネジメントすること
○感情をポジティブな方法で利用すること

幼児から小学校低学年

【ワーク例】

●感情と行動との関係を理解します。
・キャラクターを利用します。例：バイキンマン：怒る→いじわるをする
・箱に、感情の文字カードと表情カードを入れて、カテゴリー分けをしたり、つながりを考えます。

●感情をマネジメントする必要性を理解します。

気持ちカードを引いて、どの気持ちをマネジメントしたらよいか考えます。

- 受け入れられる感情の表現とそうでないものとを区別してみます。
- 感情的な登場人物へ手紙を書かせます。アドバイスするようしむけます。
- 感情に関する3つの段階を理解し、経験と関連づけます。
  トリガー（引き金となる）ステージ（例：犬の死）、思考ステージ（例：病気だった）、行動ステージ（例：泣く）
- 感情を適切にマネジメントする方略を発展させてみます。
  遊びに入りたいとき
  「ちょっとひとりでさびしかったから、ゲームに入れてくれない?」
  ⇒ポスターなどにしてみます。
- 感情の引き金となるものをリストアップ、その引き金を避けることを考えます。
  - ポジティブセルフトークを教えます（例：よし、いける）。
  - 止める・考える・枠組みを考えるなど、セルフトークの説明をします。
  - 呼吸のしかたで気持ちを落ち着かせます。
    例：四角のブレス：四角形をイメージしながら息を吸う⇒とめて⇒はく⇒とめて
- 感情がポジティブにあるいはネガティブに自分に影響することを理解します。
  ポジティブ⇒課題に成功する動機になる
  ネガティブ⇒課題の完成を阻む、集中できない

小学校低学年から中学年

【ワーク例】

- リラックスのテクニックを発達させます。
  - 筋肉の緊張をほぐしリラックスするこつを学びます。
  - ビジュアルイメージ（目をつむって心地よいイメージを思い浮かべます）。
  - 自分でリラックスできたことなど日記に書いてみます。
- 状況をよりポジティブに再構成します。
  「字を書いているときに誰かが肩にふれた」など、あいまいな状況カードをつくり、「字を書いてるときに、上手だねと言ってお母さんが肩にふれた」というように状況をポジティブに再構成する練習をします。
- 感情のレベルについて理解します（ショック、否定、悲しみ、罪悪感）。
- 自分と他人の悲しみをマネジメントする方法を発達させます。
  有名な人や知っている人を思い出す。その人たちの悲しみに対する適切な反応を考えます。
- 他人の感情の状態をよく見て、自身の感情のレベルを調節する重要性を認めます。
- 新しい、親しみのわく方法を考えます。
  - 気をまぎらすテクニックを考えます。例：好きな歌、カウントダウンなど。
  - 考え方を変えることで感情が変化することや今感じている感情がどんな気持ちかを考えてみます。また、ある行動が、自分や自分のまわりの人にも迷惑をかけることに気づかせます。さらには、深呼吸したり、なにか楽しいことをイメージすることで、気をまぎらすことができることを学ばせます。

4. 他人とうまくかかわる

○共有する力を発達させること
○協力して遊ぶスキルを利用できること
○友情の概念について理解すること
○集団で機能するために求められるスキルを持つこと
○各個人の中に強さと弱さがあることを理解すること
○うまく葛藤を解決するスキルを用いること
○障害、性、人種などの平等について理解すること
○うまくやり取りするためのスキルを学ぶこと

幼児から小学校低学年

【ワーク例】

- 大人と子どもの関係から仲間の関係への移行を考えます。
  - ・大人から徐々に離れるように好きな活動にいざないます。
  - ・先生がほかの子が何をしているかに注意を向けさせます。
  - ・イメージ遊びやゲーム遊びを活用します。
  - ・仲良く遊べたらほめてあげます。
- 「順番こ」のスキルを教えます。例：ものをパスしたり、交代でアイデアを出す。
- 他人とうまくかかわることの大切さを理解させます。
  - ・文章やポスターを完成させます。
  - ・エピソードをもとに、どんな言葉かけをしたらよいかを考えさせます。
- 協同遊びがどのようにして成り立っているかを考えさせます。

一緒に遊んでいる写真から：一緒に遊んでいる＝聴いている＋順番こ＋分けている、などのつながりを理解させます。

● 友だちの概念を理解します。
どんなことをすると友だちと思うか考えてみます。

● 友情の亀裂への対応を考えます。
ペアで友だち同士うまくいかないシナリオをつくってロールプレイしてみます。電話、手紙を利用してみることも考えさせます。

● 個人の中に、強さと弱さの両方があることに気づかせます。
・グループで、それぞれの得意と思うことを書いて集めます。
・助けられること、助けてほしいことを考え合います。

● 集団がうまくいくためのスキルを考えます。
・年下の子どもたちのために単純なボードゲームを考えます。
・クラスパーティを考えさせます。
・ピース・パズル、人形劇、新聞づくり、料理なども利用できます。

● 集団活動のメリットとデメリットを3つずつあげてみます。
良いグループをつくるためのポスター（目標やポイント）をつくらせたりします。

小学校低学年から中学年

【ワーク例】

● 友だちが困っているところを助けたり、友だちとの葛藤を解決する方法を考えさせます。
・友だちとのけんかから戦争までを考えます。
・良い解決方法、悪い解決方法が書かれているカードを分類します。
・3つの可能性について学びます（ウイン・ウイン、ウイン・ルーズ、ルーズ・ルーズ）。例を考えてみます。ウイン・ウインとは自分と相手がともに勝つことです。

● 差別が人に及ぼす影響について考えます。
・歴史上の差別をさがしてみます。
・差別についての歌をさがし、聴いて、考えます。
・差別に関する感情を反映する歌をつくってみます。

● 性、人種、障害といった社会での差別について意識させます。
テレビ、インターネット、新聞を利用します。

● 互いに対等に葛藤していることに気づき、考えさせます。
平等について考えられる役を考えて、ロールプレイしてみます。

● ネゴシエーション（交渉）のスキルをいくつか発展させます。
ポスターづくり：①自分の考えを話す、②他人の考え方を聴く、③両者の目標を考える、④解決できそうな方法をいくつかあげる、⑤ベストを選ぶ、⑥結果を評価する

● 各個人に必要なスキルを学びます。

● 毎日の状況でのいろいろなコミュニケーションのしかたを考えてみます。
場所や状況を設定して、どのように行動するかを考えます。

引用・参考文献

Bridges,K.M.B. (1932) .Emotional development in early infancy. Child Development,3,324-341.

Cornwell,S and Bundy,J.(2009). The emotional curriculum. SAGE.

Crick,N.R. & Dodge,K.A. (1994) .A review and reformulation of social information processing mechanisms in children's social adjustment,Psychological Bulletin,115,74-101.

Gottman,J.M.(1997). The heart of parenting. New York: Simon & Shuster. 戸田律子訳（1998）『0歳から思春期までの教育』講談社

Hooven,C.,Gottman,J.M., & Katz,L.F.(1995). Parental meta-emotion structure predicts family and child outcomes: Cognition and Emotion,9,229-264.

川島一夫・渡辺弥生編（2010）『図で理解する発達――新しい発達心理学への招待』福村出版

Lemerise,E.A. & Arsenio,W.F. (2000) .An integrated model of emotion process and cognition in social information processing,Child Development,71,107-118.

Mayer,JD.,& Salovey,P. (1997) .What is emotional intelligence? In P.Salovey & P.Sluyer (Eds) .Emotional development and emotional intelligence: Emotional implication,New York,Basic Book.

Sroufe,L.A.(1996). Emotional development: the organization of emotional life in the early years. Cambridge University Press.

渡辺弥生（2007）「2章　発達」荒木紀幸編『教育心理学の最先端』あいり出版、40.

実践編

感情を育てよう！

01 感情を育てよう!　対象年齢 幼児から小学校低学年

いま、どんな気持ち?

ワークのねらい

自分の気持ちを自分の言葉で表現することは、幼児にとってはたいへんなことです。なんとなく気分がすぐれない、なんとなくだるいというときはなおさらです。「今日はなんとなく幼稚園に行きたくないな」と感じ、「行きたくない」と言うと、まわりの大人はそんな様子から安易に原因探しをしたくなります。「誰かに意地悪されたの?」「おなかが痛いの?」「先生が何か言ったの?」という具合に……。

子どもによっては何か理由をつけなくてはならないと思う子もいます。ぐずぐずした態度をとる子もいます。泣くという表現をする子もいます。でも、それでは本当の気持ちは伝わりません。

このワークは、自分の気持ちを言葉にすればまわりの人により理解してもらえる、ということを感じてもらうことを意図しています。

ワークのやりかた

1 いろいろな場面の描かれているイラストを見て、どんな場面かお話してあげましょう。

例「今、起きたばっかりだね」「まだ眠いのかな」
「○○ちゃんも朝、眠いときある?」

2 「そのときはどんなお顔をしているの?」とたずねます。

例「そうか、まだ眠いよって目があかないんだね」

3 「そんなとき、なんて言うの?」とたずね、自分の気持ちの伝え方に気づかせます。

4 「そんなときなんて言ったらいいのかな?」と投げかけます。

自分の気持ちに気づく	他人の気持ちに気づく	気持ちを調整する	他人とうまくかかわる
♥♥	♡♡	♥♡	♡♡

ワーク 01

**こんなとき自分の気持ちが言えますか？
思ったことをお話ししてみましょう。
そしてそんなとき、どんな顔になるかな？
その顔をしてみましょう。**

朝まだ眠い

あの子と友だちになりたいな

ママ大好き

テレビを見たいのにお風呂に入りなさいって言われた

こんなとき、なんて言ったらいいのかな？

※♥マークは、４つの柱のどの柱に焦点を当てているかを示すものです。執筆者によって一つのところにつけたり、いくつかの範囲でつけています。基本的には、この４つは明確に区別できるものではなく関連し合っています。そのため、あくまでも参考にしていただければと思います。

ワーク例

「あの子と友だちになりたいな」って思っているよ。
こんなとき、なんて言ったらいいのかな?

予想される子どもの反応

「何してる?」「名前、なに?」「遊ぼう」「とんとんってたたく」「いっしょに遊ぼう」「ブランコする」「なかよくしよう」など。

いろいろな声のかけ方やかかわり方をたくさん出してみましょう。

解説

1 ワークをもとに子どもの言葉をたくさん出させていきましょう。語彙の少ない子どももいます。具体的に「友だちになろうよ」「一緒に遊ぼう」という言葉に気づかせていきましょう。また行動についても「えっ、たたくの?」と否定的に言わないで、「やさしく握手しようって言うほうがうれしいかな?」と行動パターンを知らせていきましょう。

自分の気持ちを言葉で伝えることで、そのあとからうれしい気持ち、楽しい気持ちになれることに気づかせていきたいものです。さらに、不快な気持ちについても、言葉で伝えることで解決できることにも気づかせていきましょう。事例によっては「いやだった」「つまんない」というようなことしか言わないときもあるかもしれません。「そんなときはどんなお顔?」と表情にも注目させていくと、自分の気持ちに少しずつ気づいていきます。

2 どんな言い方でも、子どもが自分の言葉として発した言葉は大切にしていきましょう。「きらい！」「ばか！」というような言葉が出てきたときも、いきなり「そんな言葉はいけない」というのではなく、「きらいって言われたら、びっくりしちゃうな。それはいやだったっていうこと?」と子ども自身が言葉を置きかえられるように話していきましょう。「ばかって言われたら悲しいな」と気持ちで返していくことも大事です。

応用編

「お友だちになれたら何して遊ぶの?」とその後のかかわりについても想像をふくらませていきましょう。

「お友だちになれたからうれしいね」「明日も遊べるといいね」

ポイント

まずは、「自分の気持ちを自分の言葉で表現する」ことです。うまく言えなくて当たり前です。自分の言葉で言ってみようという気持ちを育てることを第一に考えていきましょう。そのためには、子どもの言葉をあたたかく受けとめる大人の存在がとても大事です。「おかあさんはいつも話を聞いてくれる」と思えるような、安心して言葉を発することができる環境を心がけましょう。

02 感情を育てよう!　対象年齢 幼児から小学校低学年

友だちはどんな気持ちかな?

ワークのねらい

集団で生活するようになると、友だちとの間にさまざまなトラブルが発生します。幼児期はまだ、自分の気持ちが中心で、友だちにも友だちなりの思いがあることに気がつかないことがあります。そんなとき、頭ごなしに叱ったり、仲良しでいることを押しつけたりすることは、不満だけを残してしまい、子どもの心の育ちにつながっていきません。

そんなときは、まず子どもの気持ちを十分に受けとめたうえで、相手の気持ちにも気がついていくような働きかけが必要になります。

このワークは、トラブルは子どもの育ちに必要なチャンスととらえ、「けんかをすることはいけないこと」ではなく、「けんかをしたときの気持ち」に気づかせ、その後の行動につなげていくことを意図しています。

ワークのやりかた

1 お友だちがおもちゃをとってしまったときのことを思い出すお話をしましょう。

2 泣いているお友だちの絵を見せて、「お友だちはどんなお顔をしてるかな、やってみて」と言いましょう。

3 「そのときお友だちは、どんな気持ちかな」とたずねます。

4 「こんなとき、なんて言ったらいいのかな?」とたずねます。

自分の気持ちに気づく	他人の気持ちに気づく	気持ちを調整する	他人とうまくかかわる
♡♡	♥♥	♥♡	♡♡

ワーク 02

友だちとの間にトラブルが起きたとき、相手にも思いがあることを下の絵と同じ表情をしてみることで気づかせ、それがどんな気持ちなのかを考えていきます。

エピソード
お友だちが素敵な赤い自動車を持っていました。あんまり素敵だから少しだけ貸してほしいなーって思って借りたら、お友だちが「うわーん」って泣いちゃったの。

お友だちは、どんな気持ちかな?

（反応がなければ、下を参考に、こちらからたずねてみます）

おもちゃを貸してあげてうれしい?

おもちゃをとられて悲しい?

おもちゃをとられてびっくりしている?

おもちゃをとられたから怒っている?

こんなとき、なんて言ったらいいのかな?

一緒のお顔をしてみよう

ワーク 例

おもちゃを貸してあげて
うれしい

おもちゃをとられて
悲しい

おもちゃをとられて
びっくりしている

おもちゃをとられたから
怒っている

予想される子どもの反応

顔をまねる、「えーん」と声を出す。中にはうまくまねができずひきつったような顔になる子もいるでしょう。

うまく表現できない子もいるかもしれません。大人が大げさに悲しい表情をしたり、泣き声を出してみせたりすることで、表情のまね方がわかってきます。中には「泣いちゃだめなんだよ」と否定する子どももいるかもしれません。「泣いちゃだめ？　じゃどうして泣いているんだろうね」と泣いている子どもの気持ちに気づかせていきましょう。

解説

1 ワークの話をもとに、「悲しかったことある?」と体験の中で思い出す話があればじっくりと聞いてあげたいものです。実際にはこのようなトラブルは数多く体験するのですが、そのときでないと忘れてしまうことが多いと思います。場面をとらえて指導していくほうが、子どもにはわかりやすいはずです。そのとき、「いやだった」「つらかった」「困った」など気持ちを表す言葉がたくさん出てくるような話し合いにしていくとさらによいと思います。

2 自分の気持ちだけでなく、相手にも思いがあることに気づくことは、心の育ちのうえでは大きな成長です。気づいたことをうんとほめてあげることで自信につながり、じゃあどうすればいいのかなという問題解決に向かっていけるようになります。

応用編

「そうだね。おもちゃをとられたら悲しいよね」。自分が悲しい顔をすることで「悲しい」に気づいていきます。中には、「悲しい」と「怒っている」の区別のつかない子もいます。まだ十分に相手の気持ちと自分の気持ちが違うことに気がつかない子もいます。丁寧に悲しい子どもの気持ちを話してあげましょう。

気持ちがわかる子どもには「どうしたら悲しくなくなるかな?」と次のステップへの話をしてもよいと思います。

ポイント

お友だちとけんかをすることは絶対にいけないこと、ではなく、けんかになったとき、あるいはなりそうになったときどうすればいいのかに気づいていくきっかけにしたいです。表面的にぶつかり合いを避けて、仲良くするのがよいことではないはずです。けんかは、子どもの心の発達を助ける大切なものとしてとらえていきましょう。さらに、お互いの気持ちをきちんと伝え合うことが大切なのだという価値観を与えていきたいと思います。そしてけんかをしても仲直りができ、気持ちがすっきりしたという体験を積むことで問題解決能力ははぐくまれていくと思います。

がまんするって？

ワークのねらい

幼児期には、まず自分の気持ちを存分に出せることが大切です。しかし、出し方がわからなくて、むやみにはしゃいだり、泣いたり怒ったりすることはしばしば見られます。まわりの人と気持ちよく生活していくために一つひとつの経験を積み上げて、泣くだけでは伝わらないんだ、とか、今はさわいじゃいけないときなんだと知らせ、わかっていくことが大切です。さらに、ときにはがまんをすることの必要性にも気づかせていきましょう。はじめからむやみにがまんをしいるのは、心の育ちには逆効果です。今の状況が理解でき、自分からがまんしようという気持ちになっていくことが大切です。その基盤となるためには自分がかわいがられているという実感や、今がまんすれば、いいことがあるという安心感が必要です。

このワークはきょうだいがいる家庭ではよくある出来事です。そのときの気持ちや、その気持ちのコントロールのしかたを考えていくようにします。

ワークのやりかた

1 ワークのエピソードを話して、気持ちをたずねます。

2 お母さんが来てくれたあとの気持ちを考えさせます。

3 そのときどんな顔をするかをたずねます。

4 そのときの心の色をクレヨンでぬらせてみます。

自分の気持ちに気づく	他人の気持ちに気づく	気持ちを調整する	他人とうまくかかわる
♥♡	♡♡	♥♥	♡♡

ワーク 03

お母さんに絵本を読んでもらおうとしたら赤ちゃんが泣きだしました。お母さんは、赤ちゃんのところに行ってしまいました。

**そのときあなたは、どんな気持ちですか？
どんなお顔になるかな？**

悲しい	すねている	にこにこしている

赤ちゃんは眠ってしまいました。お母さんが来て
「○○ちゃん、待っててくれてありがとう。大好きよ！」と言ってくれました。

そのとき、あなたはどんな顔をしますか？

悲しい顔	すねている顔	にこにこしている顔

**そのときの心の色は何色ですか？
色をぬってみましょう。**

ワーク 例

① お母さんが赤ちゃんのところに行ってしまったとき
「悲しい」「さみしい」「イヤ」…

② お母さんに大好きと言ってもらったとき

予想される子どもの反応

悲しい　→　にこにこ

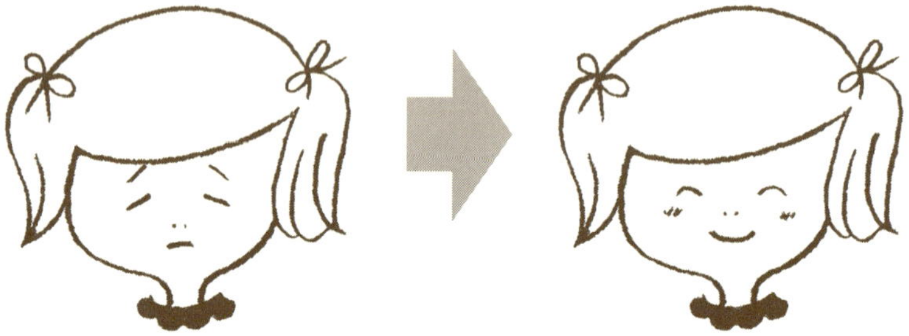

例……①のとき　②のとき

少し知恵のついた子どもはお母さんが喜ぶ反応をすると思います。「いやだ」という気持ちが本来ではあると思いますが、ワークのお話としては受け入れる子が大半だと思います。

実際には、怒ったり、泣いたりする子でも、ワークの中では適切な答えができればうんとほめてあげたいものです。

③ そのときの心の色は何色？

例 ピンク色

あたたかみのある色をぬる子どもが多いと思いますが、どんな色をぬっても、否定せず受けとめてあげましょう。「どうしてその色にしたの?」とたずねてもよいでしょう。

ここで自分の本来の気持ちとしての「にこにこ」に気づかせていきましょう。幼児なりに、がまんすることの価値に気づかせていきたいものです。お母さんもうれしい、赤ちゃんもうれしいと、他者の気持ちにも気づかせていきましょう。

解説

1 ワークをもとにいろいろなお話をしましょう。はじめからお兄ちゃん、お姉ちゃんらしさを押しつけるのではなく、がまんができた結果として、お兄ちゃんだね、と認めていきたいです。そして、お母さんはあなたのことが大好きというメッセージを送っていきましょう。「○○ちゃんが赤ちゃんのときにはね」という話をしてあげるのも効果的だと思います。

2 愛されているという安心感があると本音も出やすいものです。一方、子どもが「本当はいやだった」「赤ちゃんばっかりずるい」という表現をするかもしれません。それも大切な表現として受けとめてあげましょう。「そうか、○○ちゃんさみしかったんだね。じゃ今度は○○ちゃんを抱っこする番だよ」。抱きしめてお母さんのうれしい顔を見せてあげましょう。

応用編

自分より小さな赤ちゃんに視点を向けていくのもよいと思います。「今赤ちゃんどんな気持ちかな」「どんなお顔で寝ているのかな」。赤ちゃんの絵を描いてみるのもよいと思います。右のように心をハートで表し、お母さんがこのようなハートを描いてあげてはどうでしょうか。

ポイント

思いやりは自分が愛されているという裏づけがあってこそのものです。しっかりと抱きしめて、目と目を合わせて話を聞いてあげることの積み上げがとても大事です。あたたかなぬくもりをいっぱい感じていきましょう。

04 感情を育てよう! 対象年齢 幼児から小学校低学年

わたしとあなたの思いは違う

ワークのねらい

幼児は、自分の気持ちを自分の言葉で伝えられるようになると、相手にも思いがあることに気づいていきます。それまで、自分が好きなら、相手も好きに違いないと思っていたのに、自分が好きなことでも、相手は好きじゃないことがあるのだということに気がつくようになります。

例えば、自分は砂遊びをしたい。大好きな○○ちゃんも砂遊びをしたいと思っていると信じていたのに、お絵かきがしたいんだって、という具合です。

はじめは、○○ちゃんの気持ちがわかりませんから、○○ちゃんが遊んでくれないというトラブルになります。そこで○○ちゃんの気持ちに気づかせていくことが必要になります。幼児期の発達を考えると、ただ言葉で伝えていくだけでは納得しません。まずは自分の気持ちがあり、そして、相手にも気持ちがあるのだということを表情を交えて知らせていきたいと思います。

このワークは友だちと自分は違う考えを持っていることに気づかせ、かかわり方に気づかせていくことを意図しています。

ワークのやりかた

1 **男の子のイラストを見て、この子は何が好きなのかを話し合っていきましょう。**

「今日はこの子の誕生日だから大好きなものをプレゼントしようよ」

2 **何をプレゼントするかを話し合ってみましょう。**

3 **どうしてそのプレゼントを選んだかの理由を考えましょう。**

自分の気持ちに気づく	他人の気持ちに気づく	気持ちを調整する	他人とうまくかかわる
♡♡	♥♥	♡♡	♥♥

ワーク 04

今日はたけしくんの誕生日です。
たけしくんの大好きなものをプレゼントしましょう。

サッカーボール

ぬいぐるみ

ままごとどうぐ

ブロック

砂場の道具

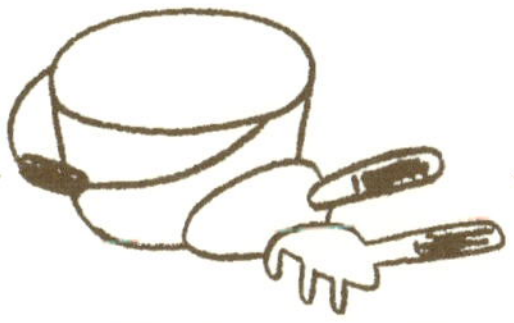

あなたがプレゼントするものをかいてみましょう。

プレゼントを選んだ理由は?

ワーク 例

「たけしくんってどんな子かな。何が好きかな?」

予想される子どもの反応

「男の子だよ」だから「サッカーボールかな」

プレゼントするものは何かをかいてみましょう。

子どもの中には、自分がぬいぐるみが好きだからたけしくんにもぬいぐるみという発想の子どももいます。どうしてそれをプレゼントしたいのかという子どもの気持ちを話し合いましょう。「お母さんは、ぬいぐるみが大好きだけど、お父さんはサッカーが好きよ」と違う気持ちを示してあげるのもよいと思います。

解説

1 子どもの発達はさまざまですから、自分の好きなものの話でも、プレゼントしたい理由をしっかりと聞いてあげましょう。「プレゼントしたらたけしくん喜ぶね」というたけしくんの気持ちを感じるワークです。ただ物を指差すだけではなく、言葉にしていきましょう。

2 「○○ちゃんはこれが好きだけど、たけしくんはこれが好きなんだね」と違いを言葉にしてあげることも大切です。

3 さらに思いをふくらませてあげます。たけしくんの喜んでいるイラストを見て、「うれしい気持ち」になったことに気づかせます。さらに「なんて言っているのかな?」と問うことで、たけしくんの気持ちを言葉にして、相手の気持ちに気づかせていきます。

応用編

「○○ちゃんは何が欲しい?」と会話を発展させて、「お母さんは?」「お父さんは?」といろいろな人の気持ちに気づかせていくのもよいと思います。

ポイント

幼児はいろいろな体験をとおして、自分と他者を少しずつ理解していきます。他者意識を確立する過程や獲得のしかたには個人差もあります。生活の中で、私の気持ち、あなたの気持ち、○○の気持ちと意識していく場面を大切にしていきましょう。いろいろな人がいろいろな気持ちを持っていることに気がつくことが思いやりの気持ちの第一歩だと思います。

思いやりの気持ちが育ってくると、相手が喜ぶということに自分のうれしさを感じるようになっていきます。子どもの言葉や行為に対して「お母さん、今、とってもうれしかったよ」と伝えてあげることで、役に立つうれしさ、喜んでもらえたうれしさを実感して子どもの心はさらに伸びていきます。

05 感情を育てよう！
対象年齢 幼児から小学校低学年

気持ちと言葉のマッチング

ワークのねらい

このワークでは、自分の心の中にある感情に気がついて、それを理解するだけでなく、自分の気持ちの表し方、特に、表情によって気持ちが伝わることを少しでも意識させることがねらいにあります。それができるようになって、しだいに、お母さんやお友だちと活発に話をするようになったり、同じ気持ちを共有することができるようになります。

まずは、日常生活のいろいろな場面で自分の中の気持ちがさまざまにわき起こることに気づくようしむけていくことが必要です。つまり、子どもが気持ちというものを感じ、理解するように支援していきます。

どんな表情になるかを想像してみたり、また、実際に表情をまねしてみたりさせることで、しだいに感情の不思議さに興味を持つようになるでしょう。さらには、その気持ちを大人が言葉で代弁してあげることで、その気持ちを「言葉」と結びつけて考えられるようになります。

すなわち、自分の体験を感情として理解していくことができるためには、まず自分の中の身体に感じられた感覚に気づくこと、次に、それを明確な言葉に置きかえることが必要になるのです。

こうして、自分の気持ちを言葉で表現することによって、相手に自分の意思が伝わるようになり、コミュニケーションができるようになります。

ワークのやりかた

1 生活の中で実際に起こるような場面を絵で見せて、質問をします。

2 その場面で、どんな気持ちになるか表情を選んでもらいます。

3 今度は、実際にその表情をまねしてみます。表情をつくったときに、「どんな気持ちだった？」と聞いてみます。言葉が出ないときは、大人が代弁してあげるとよいでしょう。

自分の気持ちに気づく	他人の気持ちに気づく	気持ちを調整する	他人とうまくかかわる
♥♥	♡♡	♡♡	♡♡

ワーク 05

❶ 次の絵を見ながら、下の質問をしてみましょう。

①「○○くんはカレーライスが大好きです。お母さんが、『今日の晩ご飯はカレーライスよ』と言いました。○○くんはどんな気持ちですか?」

②そのとき○○くんは、どんなお顔になるかな。
下の顔の中から選んでみましょう。

③今度は、同じ顔をまねしてみよう！　できたかな?　どんな気持ちになった?

④ほかのお顔は、どんな気持ちかな?

❷ ほかのお話もしてみよう。

①「○○くんは車のおもちゃが好きです。車で遊んでいるとほかのお友だちが勝手に車をとっていってしまいました。○○くんはどんな気持ちですか?」

②と③についても、❶と同じようにやってみましょう。

ワーク 例

①「○○くんはカレーライスが大好きです。お母さんが、『今日の晩ご飯はカレーライスよ』と言いました。○○くんはどんな気持ちですか?」

⇒うれしい！
早く食べたい！
わぁっ、お母さん大好き、など

②そのときどんな気持ちになるか、表情を選んでみましょう。

「うれしいから、これだよね」、など、
お話しながら、表情を選んでもいいですね。

③今度は、同じ顔をまねしてみよう！　できたかな?　どんな気持ちになった?

②ができても、意外と、自分でうまく表情がつくれない子もいるかもしれません。そんなときには、鏡を持ってきて、いろいろな顔をして、「アー今のうれしそうな顔だね」と言ったりして、何度でもやってみるといいでしょう。

「お母さんもやってみよう」と交代してもいいですね。どんな気持ち?とたずねて、言葉でも表すようにしてみましょう。

「こんな気持ちになるとき、ほかにもある?」とたずねて、生活の場面を広げて考えてみるのもいいでしょう。

④ほかのお顔の気持ちについても聞いてみましょう。

解説

1 このワークでは、日常生活でよくあるような場面を提示し、どのような気持ちになるかが理解できるように工夫されています。いろいろな場面でさまざまな気持ちになること、気持ち、表情そして言葉が関係していることを意識させていきます。無理に表情をつくらせたり、言葉にさせなくても、大人がその気持ちを表情にしたり、言葉を用いて代弁してあげるとよいでしょう。他者に自分の感情を伝えることにつながります。

2 大人も一緒に表情をつくったり、子どもも実際に表情のつくりごっこをしてみましょう。楽しみながら、ときには身ぶり手ぶりもつけて、気持ちを表現すること、また、言葉とマッチングすることで、よりすっきりと、気持ちを伝えられることに気がつくようになります。

3 ふだんから、大人も表情を豊かにして、気持ちをわかりやすい言葉で表現していると、良いモデルになります。

応用編

できるようであれば、その感情になる理由を子どもと一緒に考えてみましょう。「どうしてこんな気持ちになるのかな?」「だって、それが大好きだから」といったように、気持ちが何によって引き起こされているかという因果関係についての理解を育てていくことにもつながります。

ポイント

ワークについて話をしていく中で、子どものほうから「こんなことがあった」と話をしてくることがあるかもしれません。そんなときは、その話をしながらそのときの気持ちについて、子どもにたずねていって、エピソードをふくらませてあげましょう。どうしてその気持ちになるか理由もたずねてみると、より理解が深まります。

06 感情を育てよう！
対象年齢 幼児から小学校低学年

友だちの表情を読み取る

ワークのねらい

ほかの人の感情を理解するためには、その場面がほかの人にとって、どのような状況にあるかを理解することが前提にあります。どういった状況だから、ほかの人がそのような表情になっているということをまず想像することが大切なのです。したがって、まずは、その状況がどんな状況なのかを理解することが重要になってきます。

幼児期後期には、ほかの人が自分と違う存在であることや、状況の理解が深まり、状況がほかの人の気持ちに影響することを理解できるようになっていきます。したがって、しだいに、その状況で他人がどのようになるかを予測できるようになることから、ほかの人とのコミュニケーションもかみ合っていきます。

このワークは、ある状況が描かれているものを用いて、その場面についてお話をしてもらい、他人の気持ちについての理解をうながします。状況をとおして、ほかの人の表情からほかの人の感情を理解することが目標です。必ずしも、自分とは同じではないことに気づけるようになることも大切です。

ワークのやりかた

1 さまざまな状況が描かれている場面の絵を提示します。「何をしてるのかな？」とたずねて、その場面についてお話をしてもらいましょう。

2 話をしていく中で、次はほかの子どもの表情に注目するようにうながしましょう。
　例「この子はどんな顔してる？」

3 「どうしてそんな顔をしているの？」と理由について聞き、その子の感情に気づくようにしていきましょう。

自分の気持ちに気づく	他人の気持ちに気づく	気持ちを調整する	他人とうまくかかわる
♡♡	♥♥	♡♡	♡♡

ワーク 06

それぞれの絵を見ながら、下記の質問をしてみましょう。

1

2

3

● この子（たち）はなにしてる？

● この子（たち）は、どんな顔してる？

● どうしてそんな顔してるの？

ワーク 例

うれしい

例 回答例

● なにしてる?

お父さんとお母さんが、
この子たちにプレゼントをあげてる。

● どんな顔してる?

よろこんでる。
うれしいっていってる。

● どうしてうれしいの?

プレゼントもらったから。

● この子たちはどんなプレゼントが好きだと思う?

乗り物とか、メロン。

解説

1 １歳の幼児でも母親の表情をある程度正確に読み取ることが明らかになっています。感情の発達過程では、他者の感情を理解することが大切になります。幼児期はその基礎ができる時期です。このワークでは、日常のさまざまな状況をとおして、感情を読み取る力を高められるようにしています。

2 場面についていろいろとお話をしてくれると思います。その中から気持ちの言葉が出てきたら、大人なりの言葉で子どもがどう感じているかを引き出すようにしましょう。

　また、登場人物の感情とその感情になった理由について一緒に考えてみましょう。因果関係について考えることで、他者の気持ちの理解をより一層うながすことになるでしょう。言葉にすることが難しく、表情で伝えてくることがあるときは、大人がその表情の言葉を代弁してあげるとよいでしょう。無理に言わせる必要はありません。

応用編

絵の場面の状況から感情を推測できるようになったら、日常生活場面でかかわっている人の気持ちを意識的に子どもに聞いていくとよいでしょう。

　自分と他人が同じ気持ちになることもあれば、他人が自分と違う気持ちを持つ場合があることにしだいに気づいていきます。

！ポイント

子どもがどのように感情を受け取るか、そこに正解はありません。表情からの受けとめ方はさまざまな反応があると思います。大人も「そういうとらえ方があったのか」と新たな気づきがあるでしょう。一緒に考えたり、お話ししたりできるといいですね。

負けてくやしいとき、どうする？

ワークのねらい

幼児期後期には、遊びのルールやゲームのおもしろさなどの理解が進み、自分が勝つことの喜びや、負けてくやしいことを体験するようになってきます。ただし、この時期は、勝つことや一番になるということにこだわるようになり、集団内でトラブルが生じることがあります。

みなさんにも覚えがあるかもしれませんが、ゲームで負けそうになると、大泣きしたり、怒ってゲームをだいなしにしたりしてしまいます。こうした経験を重ねていくうちに、だんだんかっこ悪いとか恥ずかしいという気持ちも出てきて、自分をおさえるようにもなってきます。

また、自分の気持ちを言葉に置きかえて伝えることで、しだいに、自分の気持ちを整理することができるようにもなります。このワークでは、自分の感情を表情や行動、態度、言葉で表す練習をすることがねらいです。

ワークのやりかた

1 勝敗のあるゲーム（じゃんけん、すごろく、トランプ、かるたなど）を行います。

2 ゲームを行っていく中で勝敗に伴った適切な気持ちの表現を学んでいきます。

3 勝敗が決まったときの気持ちを子どもに聞いてみましょう。このとき、表情でも言葉での表出でもかまいません。大人がその表情に合った言葉を添えていきましょう。こういう言い方があるのか、と気づかせ、表現してもらいます。

ワーク 07

じゃんけんとか、トランプとか、勝ったり負けたりするゲームがありますね。勝ったときとか、負けたときにどんな気持ちになるでしょう?

実際にこれからゲーム（じゃんけん、すごろく、トランプ等）をやってみましょう。そして、負けが決まったときにどんな気持ちになるか下のお顔から選んでみましょう。

1 いまはどんな気持ち?　下の絵から選んでみよう。

2 悲しいときにわーんと泣いたり、怒ってゲームをめちゃくちゃにしていいかな?

（　　　　　　　　　　　　　　　　　　　　）

3 負けても泣いたり、怒ったりしないで、「言葉」で自分の気持ちを言ってみよう。

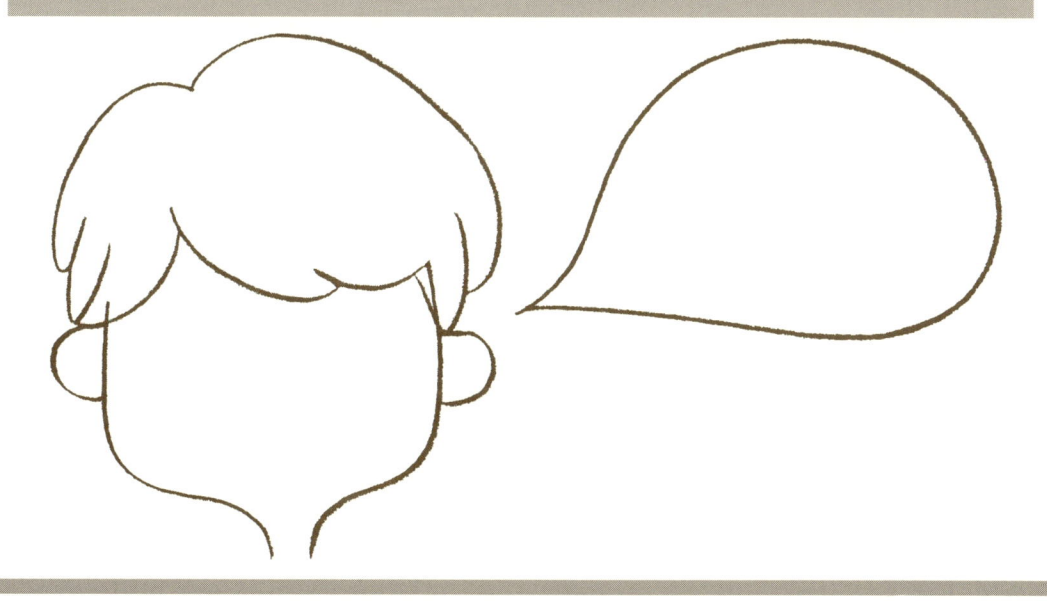

ワーク 例

勝敗のあるゲームをしたときに、負けたときにどんな気持ちになるでしょう？実際にゲーム（じゃんけん、すごろく、トランプ等）を行ってみて、負けが決まったときにどんな気持ちになるか下の表情から選んでみましょう。

1 いまはどんな気持ち？　下の絵から選んでみよう。

2 悲しいときにわーんと泣いたり、怒ってゲームをめちゃくちゃにしていいかな？

（「ダメと思う。泣いたらだめ」「怒ったことあるけど、怒られた」）

3 負けても泣いたり、怒ったりしないで、「言葉」で自分の気持ちを言ってみよう。

ほかの例

「えー、負けちゃったー。
今度は勝つ！」

解説

1 幼児期でも後期になるとまわりの状況を考慮して、適切な感情表出をすることがしだいにわかっていきます。例えば、あまり欲しくなかったおやつをもらったとき、本当は落胆しているのに、落胆した表情ではなくあえてうれしそうな顔をする、といったように感情の表出をコントロールすることが多くなってきます。

ネガティブな感情表出を抑制することも必要ですが、さまざまな感情があり、その感情を体験することも大切です。子どものさまざまな感情を自由に表現することが、幼児期には大事なことになってくると思います。

2 勝つことや一番になることにこだわりを持ったり、勝敗に敏感でゲームをしたがらない子どももいるかもしれません。しかし、できれば、じゃんけん等すぐに勝敗が決まるようなゲームで勝ち負けを何度も体験して、気持ちを調整する練習を重ねていくことが必要です。がまんするほうが遊びが続き、お互いに楽しいことがわかるようになるといいですね。

そのときに気持ちを言葉で表現したり、大人が代弁してあげてみましょう。また、大人自身は子どもたちのモデルなので、うまくがまんしたり、「怒らないぞー！」といったような気持ちを言葉で表現して、行動を調節している態度を示しましょう。

応用編

くやしいときに「くやしい」、うれしいときに「うれしい」と言葉で表現できる機会が日常生活の場面でもあるといいですね。

！ポイント

ゲームが終わったら、「今、どんな気持ちか」を子どもに聞いてみましょう。勝敗が決まった時点ですでに表情を表出しているかもしれません。そのときの気持ちを言葉で表現できるようにしましょう。うまく気持ちを調節できたときは、「負けたけど怒らないでえらいね！」とほめてあげましょう。

08 感情を育てよう!　対象年齢 幼児から小学校低学年

友だちを励ましてみよう!

ワークのねらい

ほめられたり励まされたり、好意的なメッセージを受けたとき、人はとてもあたたかい気持ちになるものです。そして、自分がされてうれしいことは、他人がされてもうれしいことであることに気づいていきます。逆に、「バカ」といったような乱暴な言葉をかけられたら、小さいこどもにとっては大きなストレスになります。売り言葉に買い言葉ではないですが、「バカなのはそっちでしょ!」とばかりに、仕返しをすると、友だち関係がこじれてしまいます。そのため、まわりの友だちと仲の良い関係を築いていくためには、ほめたり励ましたりといったあたたかい言葉かけをすることが大切になってきます。相手にできるだけあたたかいメッセージを伝えるためには、まず、相手がどういう状況にいて、どのような気持ちかを理解することが必要です。そのうえで、あたたかい言葉をかけるには、具体的にどのような言葉かけをすればよいかを教えてあげることが大切です。ただ、この時期の子どもたちは、なかなか自発的に適切な言葉かけを思い浮かべることができないものです。最初は、モデルを示したり、いくつか例をあげて、ちょっと考えてみるということからはじめてみましょう。

このワークでは、最初に絵の中の友だちの状況や気持ちを理解させるようにします。そのうえで、実際にあたたかい言葉をかけてみることができるようになるのがねらいです。

ワークのやりかた

1. 絵を見せます。ワークにのせているのは一例です。子どもが生活の中で経験する場面をいくつかあげたり、絵にしてあげてもいいでしょう。
2. 絵の子どもがどういう状況かについて理解しているかをたずねてみましょう。
3. また、どういう気持ちかを推測して言葉で表現するようにうながしましょう。
4. 相手にどんな言葉をかけてあげるか聞いてみます。適切な言葉が浮かばないときは、＜励まし言葉リスト＞から選んでもらいましょう。

自分の気持ちに気づく	他人の気持ちに気づく	気持ちを調整する	他人とうまくかかわる
♡♡	♡♥	♡♥	♥♥

ワーク 08

絵の中の友だちの気持ちを理解し、言葉で表現する練習をします。

友だちがゲームに負けて泣いています。

❶ お友だちはどうしていますか?

❷ お友だちはどんな気持ちでしょうか?

❸ お友だちにどんなことを言ったらいいかな?

〈励まし言葉リスト〉

がんばったね　おしかったね

くやしいね　だいじょうぶ?

ワーク 例

絵の中の子の気持ちを理解し、言葉で表現しましょう。あたたかい言葉かけがあることに気づかせます。

友だちがゲームに負けて泣いています。

あまりゲームで泣くといった経験がなくてピンときていない場合には、虫取りで、もう少しなのに、虫を逃がしたとき、ころんでおもちゃがこわれたときなど、身近な例をあげてみましょう。

1 お友だちはどうしていますか?

ゲームに負けて怒っちゃってるね。逃げられて、泣いている。

2 お友だちはどんな気持ちでしょうか?

くやしい。悲しい。ざんねん。

3 お友だちを励まそう!

おしかったね。次は、だいじょうぶだよ。

〈励まし言葉リスト〉

がんばって! おしかったね
くやしいね だいじょうぶ
ざんねん

解説

1 ほめたり、励ましたりして、相手にあたたかい言葉をかけられることは、対人関係をよりよく築いていくためには必要なことです。相手の気持ちをあたたかくすると同時に、言葉をかけたほうも相手の気持ちが良い方向に向かうことで同じようにあたたかくなります。幼児期から小学校低学年においては、自分の働きかけが、相手だけではなく自分にも影響を与えていることを理解することは難しいことです。ですが、早い時期からそういった状況を多く体験することは大切なことです。じわじわと、あとになるかもしれませんが、自分のことと相手のことを表裏一体に感じられることがあることや、気持ちと行動のつながりなどに気づくようになります。

このワークでは、他人の状況理解や、相手の状況から気持ちを想像し、あたたかい言葉をかけることで、他人とうまくかかわるっていけることを伝えるものです。ソーシャルスキルを教えるためには、こうした問いかけだけではなく、互いに役割をとって、ロールプレイをしてもいいですね。

応用編

近年、励ましやほめ言葉は日常生活の中で少なくなってきていると思います。大人が意図的にお子さんをほめる、励ますことを増やしていくようにしましょう。子どもは大人からかけられた言葉をよく覚えています。また、ときどきほめられたり励まされたらどんな気持ちになるかを聞き、「あたたかくなる」という感覚への気づきをうながしましょう。

ポイント

面と向かって励ましたり、ほめたりすることは大人になるとなぜか恥ずかしく感じてしまいます。その結果、生活において表現していないことが少なくありません。まずは、大人自身が意識的にこういった言葉を積極的に使っていくようにしましょう。これがモデルになります。また、それに対して、「ありがとう」といったフィードバックも同様に大切なモデルになります。

気持ちを色であらわしてみよう!

ワークのねらい

感情に伴って私たちの身体はさまざまに変化しています。心臓がドキドキしたり、手足や額に汗をかいたりします。自分の気持ちに気づいて、言葉で表現できるようになったら、感情が動いたときの身体の変化にも注目してみましょう。

自分の感情の動きや高まりに気がつかないでいると、ダムの水が堰《せき》を切って突然あふれ出すように、感情が突然強くなって、自分でコントロールできないまま行動に移してしまいます。感情が動いたときには自分の身体に変化が起こることを覚えましょう。

このワークは怒ったときや悲しいとき、うれしいときや驚いたときなど、基本的な感情が動いたとき、自分の身体がどのように変化するのかをまずイメージします。そしてぬり絵をとおして、それらを理解していくことを目的としています。顔の色や身体の色、手足の色をぬることで、それらの変化を視覚的に知るようになるでしょう。

ワークのやりかた

1 怒ったときやうれしいとき、自分の身体はどうなっているかイメージをふくらませ、色鉛筆やクレヨンなどで色をぬります。表情をつけたり、身体のまわりに表現を加えてもよいでしょう。

例「怒ったときみんなの身体はどんなふうに変わるかな?　そのときのことを思い出して身体に色をぬってみよう」

2 色ぬりの途中で声をかけてあげましょう。

例「ハートはあなたの心です。心は何色にぬったかな?　身体のまわりに、あなたの気持ちを表すような模様、ハートや星などをかいてもいいよ」

3 気持ちが動くと、身体にも変化があることを確認しましょう。

例「怒ったとき、身体を赤くぬる人もいれば、青くぬる人もいたね。色は違っていても、みんな気持ちが変わると身体も変化していることがわかったかな?」

自分の気持ちに気づく	他人の気持ちに気づく	気持ちを調整する	他人とうまくかかわる
♥♥	♥♡	♥♡	♡♡

ワーク 09

感情が動いたとき身体はどんな状態になるかな？
イメージをふくらませて色をぬってみよう！
表情や気持ちがわかる絵をかいてもいいよ。

おこったとき

かなしいとき

うれしいとき

おどろいたとき

ワーク09 気持ちを色であらわしてみよう！

ワーク 例

※実際は色鉛筆かクレヨンでぬってくださいね。

解説

1 幼児期以降は、まわりの状況や自分の状態を少しずつ把握して、自分の感情を意識できるようになっていきます。また3歳過ぎからは、相手の感情に対応した表情や行動が頻繁に表れるようになります。

　このワークは、自分やまわりの人の気持ちが変化したときは、顔（表情）や身体にもさまざまな変化があることを、ふだん子どもたちがよく行っている、お絵かきやぬり絵などの作業をとおして、理解が進むように工夫されています。また、かいたものを自分で見ることで、視覚的に「変化」を意識できるようになるでしょう。

2 自分の感情を意識できるようになるのには、個人差があります。感情の変化についての色のイメージが浮かばない場合は、感情のイメージにこだわらずに、お絵かきやぬり絵として楽しみましょう。

　また「うれしいときの顔はどんなかな?」「悲しいときは涙が出るね」と話しかけ、大人が表情をかきながら、イメージが浮かびやすくなるように、働きかけてみてください。

応用編

「うれしい」「悲しい」など基本的な感情がぬり分けられるようになったら、「飽きた」「恥ずかしい」「罪悪感」など、さまざまな感情について、試してみましょう。感情のイメージがぬり分けられるようになると、自分の中にある複雑な感情を意識できるようになっていきます。そしてネガティブな感情のときに、自分にとって心地よい色のイメージを思い浮かべるなどして、少しずつ感情のコントロールができるようになっていくでしょう。

ポイント

「そうか、○○ちゃんは怒っているときは、手と足が黄色なんだね～」「うれしいときは、まわりがハートになるんだ!」「驚いたときは、どうして○色なの?」などと、子どもの描き出す感情イメージの世界を、大人も楽しみながら受容するようにしてください。

10 感情を育てよう!　**対象年齢** 幼児から小学校低学年

うれしいときの顔は?

ワークのねらい

私たちはうれしいときには笑顔になったり、また悲しいときには涙を流したりします。子どもたちは、自分のまわりの人の感情が動いたときにはどんな変化が見られるか、顔の向きや表情、また身ぶり手ぶりや声の調子などに注意を向けることで、少しずつ知るようになるでしょう。

　このワークでは、絵本やイラスト、写真などを題材にして、他者の感情の変化を表すサインを読み取ることを目的としています。

ワークのやりかた

1 題材を選ぶ。

　絵本を用いる場合は、内容がよく理解できる年齢や発達に合ったものを選びましょう。例えば幼児なら、よく知られている物語などのほうが感情を推測しやすいでしょう。小学生なら、初めて聞く物語に挑戦してもよいでしょう。

　新聞やニュースの写真を用いる場合は、新聞やテレビのニュースで取り上げられた出来事の写真の中で、登場人物の表情や身ぶりなどから感情が推測しやすいものを選びましょう。

　身近な動物（犬や猫など）の写真を使って、動物にも感情の変化があることを知ることも、子どもたちとっては興味深い視点を与えるでしょう。

2 選んだ題材を使って、質問する。

Q1 ○○(主人公／登場人物)は今、どんな気持ちだろう?→「よろこんでいる」

Q2 それはどうして（どこから）わかる?→「顔が笑っているから」

Q3 身体の動きはどうかな?→「ガッツポーズしているからうれしいんだと思う」

3 よく読み取れている場合はほめてあげて、他者の感情の変化についての理解が進むようにしましょう。まだよく気づけない場合は、「こういうところを見てごらん」とヒントを与え理解をうながすようにします。

自分の気持ちに気づく	他人の気持ちに気づく	気持ちを調整する	他人とうまくかかわる
♡♡	♥♥	♡♡	♥♡

ワーク 10

感情が表れている表情や身体の状態に気づくようにしよう。絵本やイラスト、写真の登場人物は今、どんな気持ちかな？

絵本の場合

ストーリーの変化によって、登場人物の表情や身体の動きがどのように描かれているかたずねる。

・よく知られている題材
　かぐや姫／桃太郎、など
・初めて聞くお話に挑戦

写真の場合

新聞やテレビのニュースで取り上げられた出来事に関連する写真を題材にして、そこに映っている人の表情や身体の動きに注目して、感情を読み取る。

・スポーツの得点シーン
・複数の人物が笑ったり、
　驚いたりしているシーン

※実際にワークをする場合は写真を使用してください。

動物の場合

身近な動物（犬や猫など）の写真を使って動物にも感情の変化があることを知る。

・目が大きく見開く
・逆毛が立つ　・牙をむく
　など人と違う変化を楽しむ

怒る犬

驚く猫

ワーク 例

かぐや姫は今、
どんな気持ちで
いるのかな?

かなしい!

それはどこからわかる?

泣いてる

この人たちは今、
どんな気持ちかな?

くやしい

あーっていう
かんじ

どこを見て、そう思ったの?

解説

1 導入には、絵本などストーリーのあるものを用いるほうが、登場人物の表情を理解する助けになるでしょう。また「うれしい」「悲しい」「怒った」などの基本的な感情から入り、子どもが他者の感情のサインを読み取れるようになったら、徐々に「さみしい」「飽きた」「恥ずかしい」「うしろめたい」など、より複雑な感情にも挑戦してみてください。

感情の理解は3歳前後から急速に発達していきます。3歳頃は「怒り」と「悲しみ」の区別があまりできませんが、6歳頃になると、「怒り」には「意図的な妨害」を受けたという意識が芽生えるようになります。

2 うれしいときはガッツポーズをしたり、ピースサインをしたり、ガッカリしたときはうつむいてうなだれる人もいれば、のけぞって頭を抱える人もいます。複数の人物が写っている絵や写真を用いると、同じような状況でも人によって感情の表し方が違うことを知るようになるでしょう。

応用編

感情は自分の考えや受けとめ方に左右されています。例えば、お母さんがほかの子どもに関心を向けていると子どもは嫉妬しますが、相手が自分よりも年下の子どもの場合は、同年代の子どものときよりもあまり嫉妬しないようです。自分よりも小さな子どもに対してはライバルと思わなくなり、嫉妬の感情が弱まります。受けとめ方が感情に影響を与えているのです。

他者の感情のサインを読み取れるようになってきたら、もう一歩踏み込んだ受けとめ方についてのお話もしてみてはどうでしょうか？

！ポイント

他者の感情を読み取り、その変化を100%理解することは、大人でも難しいことです。子どもが間違った解釈をしても、そのユニークさを楽しむ余裕を持って受けとめてあげてください。子どもたちにとって他者とのやりとりは、さまざまな感情を引き起こします。そしてその中で自分や他者についての意識を発達させていきます。

対象年齢 幼児から小学校低学年

気持ちを巻き戻してみる

ワークのねらい

今の自分の感情に気づき、そして言葉でそれを表現できるようになったら、その気持ちはいつから始まったか、きっかけ（引き金）となった出来事は何だったかを思い出してみましょう。

私たちの今の感情は、日常生活で経験した過去の出来事と関連しています。大人にとってよく理解できる、この原因と結果の関係ですが、小さな子どもたちにはまだ理解できないものです。原因がわからないままに、イライラしたり、不安になったり、興奮しすぎたりしています。今感じている気持ちが、過去の出来事と関係していることを知ることは、気持ちを調整できるようになる、第一歩です。

また感情にはポジティブな感情とネガティブな感情があり、そのどちらも自分と他者を理解するうえで大切なことです。大人がネガティブな感情を否定すると、子どもはそれが表せなくなっていきます。

ある感情を感じたら、その時点からテレビの画面を巻き戻すように、ゆっくりと話を聞き、その前に何が起こったかを確かめ、今の感情との関係を明確にすることが、このワークの目的です。小学生以降は、文字にして表したり、書く作業をとおして、出来事と感情の関係を客観的にとらえられるようになるでしょう。

ワークのやりかた

1 最初のイガイガ図形に、今の気持ち（うれしい／悲しい／怒り／驚き／恐れ／恥ずかしい／罪悪感など）を書き込みます。またはそのような状況を思い出して書いていきます。まだ文字が書けない場合は、話した内容を、大人が書いてもよいでしょう。

2 次に、どのような場面や状況から今の気持ちが始まったか、大まかな出来事と、そのような場面や状況の中で、何が（誰のどのような行為が）今の気持ちのきっかけになったかを書きます。

3 最後に、次に同じような状況になったら、どう対処したらよいかを考えてみましょう。

※注意：状況によって個人名はAちゃん・Bくんのように伏せる。

自分の気持ちに気づく	他人の気持ちに気づく	気持ちを調整する	他人とうまくかかわる
♥♡	♡♡	♥♥	♥♡

ワーク 11

ある気持ちになったら、その時点から巻き戻して、その前に何があったか、きっかけとなった出来事は何かを考えてみましょう。

今の気持ち

その気持ちはいつから？

きっかけになった出来事は？

応用編

次はどうしたらいいかな？

今の気持ち

その気持ちはいつから？

きっかけになった出来事は？

応用編

次はどうしたらいいかな？

ワーク 11 気持ちを巻き戻してみる

ワーク 例

気持ちを巻き戻してみよう。

今の気持ち

イライラ
（怒り）

その気持ちはいつから？

昼休みにみんなでドッジボールをやったあと……

きっかけになった出来事は？

Bくんが片づけをしないで、教室にもどっていった。

次はどうしたらいいかな？

深呼吸をして気持ちを落ち着けてから、Bくんに「一緒に片づけよう」と声をかける。

今の気持ち

ションボリ
（罪悪感）

その気持ちはいつから？

放課後、ウサギ小屋の水換え当番だったのに……

きっかけになった出来事は？

Aちゃんからさそわれたのでそのまま帰ってしまった。

次はどうしたらいいかな？

Aちゃんに「ウサギ小屋の当番だから、ちょっと待ってくれる？」と言ってみる。

※幼児などは、過去を振り返るのが難しいかもしれません。そんなときは、大人が「……だったからと思うよ」など、代弁してあげるとよいでしょう。

解説

1 このワークをとおして、子どもたちは、自分の持つ今現在の感覚と、過去の出来事とを関連づけられるようになるでしょう。からかわれること→怒り、大きな音→恐れなど、感情の引き金になる出来事は子どもによって同じ場合もあれば、違う場合もあるでしょう。自分のネガティブな感情を引き起こすような出来事を前もって知ることは、いやな思いをすることを減らしたり、まわりの子どもたちとのトラブルの予防になるでしょう。

2 ポジティブな感情もネガティブな感情も大切なものです。それらに気づき、意味を理解することで心が育っていきます。子どもたちにとって、すべての感情には意味があり、それらをうまくおさめるのはとても重要だと、時間をかけて正しく理解させる必要があります。

　また養育者が安易に自分のネガティブな感情表出を行わないほうが、子どもが正直にいやなことも話せるようになります。

応用編

今の気持ちから巻き戻して、出来事やきっかけを振り返ることができるようになったら、次に同じようなことがあったとき、どのように対応したらよいか、話し合ってみましょう。また高まった感情をおさめるための自分に合うリラックス法を親子で考えるのもいいでしょう。例えば、深呼吸をしたり、好きなものの数を数えたり、「だいじょうぶ」「おちつけ」など自分で自分に語りかけるセルフトークも効果があります。

！ポイント

赤ちゃんの頃は、大人が抱っこして身体を揺すったり、背中をさするなどの、身体接触をとおして感情の調整を援助してきました。幼児期以降では、それに言葉が加わります。言葉によって今、目の前の出来事だけでなく、過去のある時点の出来事で芽生えた感情についても語り合えるようになります。その会話をとおして、物事に対する子どもの評価に親の評価が加わり、子どもは再評価ができるようになり、考え方やとらえ方が深まっていきます。

対象年齢 幼児から小学校低学年

うまくかかわる言葉を探そう

ワークのねらい

まわりのお友だちと仲良くかかわっていくためには、相手の気持ちを理解することが大切です。しかし小さな子どもには「相手の身になって」がまだよくわかっていないことが多くあります。自分がされてうれしいことは相手もうれしいし、自分がされていやなことは相手もいやだということの理解には、時間がかかります。だから大人よりもあっけらかんと相手に乱暴なことをしたり、意地悪をしてしまうことがあります。

相手に共感する気持ちは、どのようにかかわることが望ましいかに気づいて、適切なかかわり方のお手本を練習することで、しだいに身についていくことでしょう。そのためにまわりの大人は、子どもの感情に気づき、大人自身が共感する気持ちで子どもの話を聞き、子どもの今、感じている気持ちを肯定的に受けとめてあげましょう。

このワークでは、まず物語に出てくる子どもの気持ちを理解すること、そしてその気持ちに共感し、あたたかい言葉かけができるようになることを意図しています。

ワークのやりかた

1 物語を読み聞かせます。大人が子どもの理解度に合った適切なテーマを選んであげてもいいでしょう。

2 物語の主人公の気持ちを推測して、言葉で表現するようにうながしましょう。適切な言葉が浮かばないような場合は「コトバボックス1」を提示して、その中から選んでもらいます。物語の内容に沿った言葉がない場合は、増やしてください。

3 次に表情を選択します。

例「それじゃあ、うれしいお顔はどれかな?」

4 相手の気持ちにふさわしい言葉かけを考えるようにします。適切な言葉が浮かばない場合は「コトバボックス2」から選んでもらいましょう。

自分の気持ちに気づく	他人の気持ちに気づく	気持ちを調整する	他人とうまくかかわる
♡♡	♥♡	♥♡	♥♥

ワーク 12

物語の主人公の気持ちを理解し、言葉で表現し、表情を選んでみましょう。それから適切な言葉かけを行いましょう。

週末は動物園

アキラくんは家族で動物園に出かけることが大好きでした。でもこの頃、お父さんの仕事が忙しくて、なかなか動物園に連れて行ってもらえませんでした。そんなある夜のことです。「アキラ、週末は休みがとれたから、家族みんなで動物園に行こうか！」とお父さんが言いました。アキラくんは？

言葉かけ

コトバボックス1

うれしい	かなしい
はずかしい	こわかった
おどろいた	おこった

コトバボックス2

だいじょうぶ？	よかったね
げんきだして	たのしみだね
ビックリしたね	すごいね

※コトバボックスは言葉が浮かばないときに補助的に使う／ストーリーに合わせてつけ加える。

ワーク 例

週末は動物園

アキラくんは家族で動物園に出かけることが大好きでした。でもこの頃、お父さんの仕事が忙しくて、なかなか動物園に連れて行ってもらえませんでした。そんなある夜のことです。「アキラ、週末は休みがとれたから、家族みんなで動物園に行こうか！」とお父さんが言いました。アキラくんは?

うれしい

よかったね

言葉かけ

たのしみだね

一瞬の出来事

サクラちゃんは妹のカエデちゃんと庭でママゴトをしていました。家の中からお母さんが2人を呼んでいます。庭に戻ったところに、ちょうどカラスが飛んできて、サクラちゃんのおもちゃの指輪をくわえてそのまま飛び去ってしまいました。サクラちゃんは?

かなしい

だいじょうぶ?

言葉かけ

げんきだして

解説

1 共感とは、同じ状況に置かれたとき、自分が誰かにしてほしい方法で他者に接することです。言いかえるなら、共感は他者と経験を分かち合うことでもあります。他者への共感をはぐくむためには、まわりの友だちの気持ちを理解し、自分がその気持ちとよく似た気持ちを感じたときのことを思い出し、適切な方法で接することが必要になります。

このワークでは、他者の気持ちを知って、その気持ちに合った慰めや励ましの言葉を考える練習をすることで、共感する気持ちを理解できるように工夫されています。

2 家族との安定した関係性は、共感などの感情理解の発達をうながします。身近な他者とのやりとりの中で、特定のパターンで感情が引き起こされ、次第に意識されるようになります。その経験が、他者とかかわる力を伸ばしていきます。ワークをとおして子どもの話した内容を、大人が整理して、表現を言いかえて伝えてみると、子どもの感情の理解がさらに進むでしょう。

応用編

子どもの語彙の豊富さや感情の理解は、家族との会話の多さよりも、会話の中身によってはぐくまれていきます。それは自分の気持ちや相手の気持ちについて触れ、なぜその出来事が起こったのか原因や結果について話すということです。幼稚園や保育園、小学校であった実際の出来事の原因や結果について、そのことにかかわった人たちの気持ちに注目しながら、家族で話し合う機会を持ちましょう。

！ポイント

子どもが抱えている問題について、お父さんやお母さんが一緒に解決策を考えるようなとき、言葉や行動に行きすぎたところがあれば、そのことを指摘し、節度を守るように伝えましょう。そうすることによって、子どもは自分の感情に信頼を置き、感情を適切に調整し、自分の問題を自分で解決しようとするようになるでしょう。

13 感情を育てよう！ **対象年齢** 小学校低学年から中学年

ポジティブな気持ちって？

ワークのねらい

子どもたちは、日常生活においていろいろなことを体験しながら、まずは自分について知るようになっていきます。その中には、いろいろな場面において、自分の中にさまざまな気持ちが生じることに気がつくようになることも含まれています。

日常生活で生じる気持ちにはポジティブな感情（うれしい、楽しい、幸せなど）やネガティブな感情（さみしい、つらい、悲しいなど）、そして、一つの感情だけではなくそれらがいくつか混じった感情など、たくさんの感情があると思います。このワークでは、その中から「うれしい」という気持ちを取り上げます。最初に、自分の感情を理解するために、お子さんたちがこれまでに「うれしい」と感じた出来事をいくつか具体的に思い出してもらいます。次に、ワークの中にある出来事について、「うれしい」と感じるものを選びます。そして、「うれしい」ことはどんなことであるのかについて親子で理解することを目的とします。

ワークのやりかた

1 **日常生活でこれまでに経験したことの中で、「うれしい」と感じたことについて、お子さん自身に思い出させ、親子でそれらについてお話ししてください。**

2 **次に、ワークのもくもくの中に書いていることを読んで、「うれしい」と思うもくもく全部に色をぬりましょう。**

3 **お子さんとお母さんで「うれしい」と思うことが異なる場合、お母さんはそれがなぜかについて説明をしてあげてください。**

例「○○ちゃん（お子さん）はお菓子食べ放題がうれしいっていうけど、お菓子を食べすぎるとご飯が食べられなくなるからほどほどがいいんじゃないかな」

4 **1で思い出したうれしいことのうち、一番うれしかったものを左下のもくもくに書き込んでみてください。**

自分の気持ちに気づく	他人の気持ちに気づく	気持ちを調整する	他人とうまくかかわる
♥♥	♡♡	♡♡	♡♡

ワーク 13

うれしいのはどーれだ？
あてはまるもくもくに
色をぬってみましょう！

おかし
たべほうだい！

おともだちとあそぶ
おやくそく！

せんせいに
ほめられた

よるおそくまで
ゲームしている！

ワーク例

1 これまでに、うれしかったことって、どんなことがあったかな？

お子さんが「うれしいこと」を思い描くのが難しいようなら、表現できるようにあるいは思い出せるように、共有する思い出を振り返ってみてください。

例

ひみつきちをみつけた

2 ワーク（前ページ）の中では、「うれしい」のはどれかなあ？　あてはまるもくもくに色をぬってみようか？

おかし
たべほうだい！

お子さんがどのもくもくに色をぬってもまずは受容してあげてください。低学年ほど、「食べ放題」や「ゲームし放題」をうれしいものだと判断するかもしれません。その場合は、「お母さん（あるいは先生）だったら、こう思うよ」といったように別の見方があることを示してあげてもいいのではないかと思います。

3 空欄のもくもくに自分が気づいたうれしいことを書き込んでみましょう。

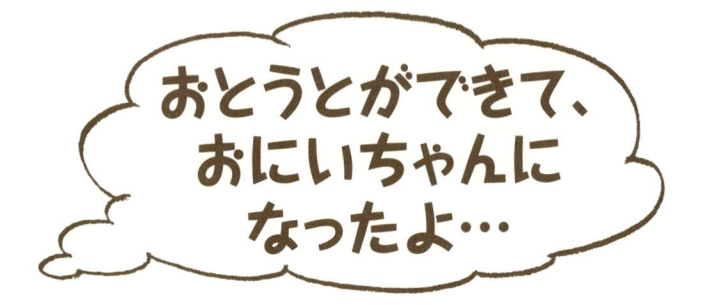

おとうとができて、
おにいちゃんに
なったよ…

解説

1 ワークを用いる前に、これまでの出来事で「うれしかったこと」をできるだけたくさんあげてもらいます。お子さんがなかなか「うれしかったこと」を見つけることができないようでしたら、まわりの大人が幼稚園・小学校での出来事や家族での思い出をヒントとして提示してあげましょう。そうすると、お子さんが「うれしかったこと」をたくさん思い浮かべるきっかけになるでしょう。また、あげられた「うれしかったこと」を再度、お母さんとお子さんで話し合ってみてもよいと思います。

2 ワークの中の出来事について「うれしい」ものを選択してもらいます。その際には、お子さんに「なぜ、うれしいのかな?」というような言葉かけを行ってください。「うれしい」という感情についてお子さん自身の言葉を引き出せるといいですね。もしお母さんの「うれしい」に対する考えがお子さんと異なる場合、「うれしい」にも人によって異なる見方があることを話してあげましょう。

応用編

「うれしい」という感情がうまく表現できるようになったら、今度は「楽しい」「おもしろい」などといったほかの気持ちでも試してみてください。また、ポジティブな感情だけでなく、ネガティブな感情や「たいへん」「むずかしい」といったさまざまな感情にもトライしてみましょう。

ポイント

「うれしい」から始めて、発達に応じていくつものさまざまな感情について書き出したり、色をぬったりしてみてください。そうすることで、人間にはいろいろな感情があること、そして一つの感情ではなく複数の感情が入り混じったり、一つの感情では説明できなかったりすることに気がついていくことと思います。「子どもって、こんなことを考えているんだ！」と大人のほうもお子さんの気持ちを理解することができます。

14 感情を育てよう!　対象年齢 小学校低学年から中学年

大事なお友だちについて考える

ワークのねらい

子どもたちが、日々の生活を送っていく中で、お友だちと過ごす時間はさまざまなことを学ぶたいへん貴重な時間です。一緒に楽しく遊んだり、おいしいものを食べたり、どこかに出かけたりと、ステキな出来事への出会いがいっぱいあります。しかしながら、ときには、同じおもちゃを取り合ったり、一つしかないものを分けなくてはならなかったり、あるいは交代で使用したりしなくてはならない場面も経験します。自分の欲求をがまんするのは子どもにとっては難しい場合もありますが、そのような場面を乗り越えることが自分の成長につながっていきます。

このワークでは、上にあげたような緊急場面を取り上げて、そのような場面におけるお友だち（他者）の感情の理解や適切なお友だちとの関係づくりについて考えます。物語を読んで、まずお友だちの感情について考えます。それを踏まえて、その場面で自分がどのように行動するのかを考え、言葉にしてみることを目的とします。

ワークのやりかた

1 ワークを始める前に、仲良しのお友だちを思い描いてください。そして、そのお友だちの名前をワークの一番上の四角に書き込みましょう。

2 名前を書き込んだお友だちを思い浮かべながら、お子さんとお友だちが登場するように物語を読みましょう。

3 物語を聞いた後、お友だちの気持ちや、自分がとる行動についてワークに書きましょう。幼児には聞くだけでよいでしょう。

※お友だちの名前が浮かばないようなら、おうちの人をイメージするようにうながしましょう。

自分の気持ちに気づく	他人の気持ちに気づく	気持ちを調整する	他人とうまくかかわる
♡♡	♥♥	♡♡	♥♡

ワーク 14

こんなとき、どうする?
お友だちの名前をいれてね！

いちばん、なかよしのお友だちの名前をかいてね！

ちゃん・くん

お友だちは、とってもだいじなたからものを
あなただけにとくべつに見せてくれました。
ところが、あなたは、お友だちのだいじなたからものを
うっかりおとして、こわしてしまいました。

お友だちはどうするかな?　どう思うかな?

このとき、あなたはどうするかな?

ワーク14 大事なお友だちについて考える

ワーク 例

1 このお話には○○ちゃん(ワークをするお子さん)が登場するよ。○○ちゃんの仲良しのお友だちも1人入れてあげよう?

→お友だちの名前をワークに書き込みましょう。

いちばん、なかよしのお友だちの名前をかいてね!

かおる （ちゃん）・くん

2 名前を書き込んだお友だちを思い浮かべながら、物語を読み進めます。

→お子さんとお友だちが物語に登場しているように、お話を読み聞かせてあげてください（ワークに２人の写真を貼ってもよいと思います）。

写真

写真

3 物語を読み終わったところで、お友だちの気持ち、自分がとる行動についてワークに書き込みましょう。

お友だちの気持ち

例

ないちゃう
おこっちゃう
もう、いっしょにあそんでくれないかも…

自分の気持ち

例

ないちゃう
こまっちゃう
どうしよう

解説

1 ワークを始める前に、お子さんと向かい合って、お子さんとお友だちとの経験や思い出（楽しかったこと、うれしかったこと、がんばったこと、お友だちがいたからこそできたことなど）を振り返ってください。いくつか出てくるようになったら、お友だちを一人、選択するようにうながします。複数あげている場合でも、一人だけにしぼり、ここでは一対一の関係について考えてもらいます。もしお友だちを思い浮かべられなかったら、きょうだいやママやパパでやってみましょう。

2 物語について、どう思ったか聞いてあげてください。そして、「□□ちゃん（お友だち）はどう思ったかな？　どうするかな?」とたずね、お友だちの気持ちを想像してみるようにうながしましょう。思いついたことは、すべてワークに書き込んでみましょう。次に、「○○ちゃん（お子さん）はこういうとき、どうするかな?」とたずね、ワークに書き込ませてください。

3 ワークに書いたことをまわりの人に発表してみましょう。お子さんが話してくれたことを受けて、ほかの立場や見方もあることを話して聞かせてあげてください。また、お子さんが回答するのが難しいようでしたら、「自分が逆（□□ちゃん＝お友だち）の立場だったらどうかな?」など立場が変わることで感じる感情も異なることを教えましょう。

応用編

さらに、実際に、似たような体験をしていないか、したことのある場合は、どのように対応したのかを振り返ってみてもいいですね。

ポイント

自分とお友だちが登場する物語を、抑揚をつけて聞かせてあげてください。ここでは、あえて、お母さんの考えや思いなどは聞かせないで、お子さんが考えながら聞くことができるよう、ゆっくりと読み聞かせてあげましょう。

ああ、迷っちゃう！

ワークのねらい

子どもたちが日常生活を送っていく中で、お友だちと過ごす時間はたいへん楽しいものです。しかし、いろいろな経験の中では、一人では味わうことのない感情を経験することもあります。

このワークでは、どちらを選択するのも難しいし、正しいことが一つではない葛藤場面をいくつか取り上げます。そして、そのような場面におけるお友だち（他者）の感情の理解、気持ちの調整、適切なお友だちとの関係づくり（一対一の関係、一対集団の関係）、について考えてみたいと思います。自分の気持ちが葛藤する文章を読んで、お友だちの感情について考え、それを踏まえて、自分がどう行動するのかを考えることを目的とします。

〜〜〜 ワークのやりかた 〜〜〜

1 ワークの中の左側の四角で囲われた文章をもとに、こんなときどうするかをたずねます。

2 その場面において自分が感じることや、お友だちが感じることを考えます。

3 その後、自分がその場面でとる行動を右側の長丸の選択肢からいくつでも選択し、線で結びます。同様に、ほかの場面についても同じようにやります。

自分の気持ちに気づく	他人の気持ちに気づく	気持ちを調整する	他人とうまくかかわる
♡♡	♥♡	♥♡	♥♡

ワーク 15

こんなとき、どうする?
ひだりとみぎをむすんでね!

じぶんもお友だちもどうじにおなじゲームをつかいたいとき!	ゆずる
	おこる
じぶんもお友だちも1こしかないケーキをたべたいとき!	わける
	じゃんけん
じぶんもお友だちもどうじにおなじ本がかりたいとき!	なく
	もらう
クラスでじぶんだけごほうびがもらえるとき!	あみだくじ
	けんかする
クラスのみんなとじぶんだけいけんがたいりつしたとき!	はなしあう
	がまんする

ワーク例

① これ（左側の四角で囲われた文章）を一つ読んでみようか？　何が書いてあるかなあ？

→左側の四角で囲われたセンテンスを一文、読みます。

② 困ったねえ。こんなとき、○○ちゃん（お子さん）だったらどうするかなあ？

→そのような場面において自分が感じることを想像してもらいます。その後、お友だちだったらどのように感じるであろうかについて考えます。そして、自分がそのような場面でとる行動を右側の選択肢からいくつでも選択し、線で結びます。

例

じぶんもお友だちもどうじにおなじゲームをつかいたいとき！

ゆずる

じゃんけん

③ 小学生の場合、ぜんぶ終わったら、次のことをしてもよいですね。○○ちゃん（お子さん）は、これまでに自分とお友だちの間でどうしようって困ったことあるかなあ？　聞かせてみて！

→これまでに自分が経験した葛藤場面を思い出してもらい、左下にある四角の空欄に書き込んでください。そして、そのときに、自分がとった行動を右側の長丸から選び、線で結んでみましょう。

選択肢にはないほかの行動をとった場合は、右下の空欄に使用した解決方法を新しく書き込んでみましょう。

例

きょうだいで色ちがいをもらったけどふたりとも赤がいいとき

なく

ママに決めてもらう…

解説

1 お子さんが興味を持つように、そして、「へえ、この後、どうするんだろう?」と思えるように、答えを決めつけないような語り口で、文章を読んであげてください。幼児の場合には、読むというより、クイズのようなやり方でやってみましょう。お子さんが、このような葛藤場面で「どうしよう?」と思えるような雰囲気をつくるように心がけてみてください。

2 そして、そのような葛藤場面について、お子さんがどのように感じているかを聞いてください。「どうしよう」「困った」「悩む」などいろいろな意見が出てくると思いますが、ひととおり聞き終わった後に、「こんなとき、○○ちゃん（お子さん）だったらどうする?　一つだけでなくていいから、この中（右側の長丸）からいくつでもあげてみて」とうながします。お友だちとの関係をうまく結ぶことのできない行動ばかりを選択している場合（ゆずる、おこる、なく、けんかする、がまんするなど）には、ほかの行動が考えられないか一緒に考えてみましょう。自分のことについて話した後は、「この場面で、お友だちはどう感じるかな?　どうするかな?」とほかの人の気持ちも考えてみてもよいと思います。

応用編

葛藤する場面や解決方法も空欄を使って、既存のものが終了したら、お母さんとお子さんで、「こんなことがあったよ！」「そのとき、こんな解決をしたよ！」「そのとき、こんな解決法を思いついたらよかったね」など、お話を広げてみてください。

ポイント

葛藤場面における解決方法に正解は一つだけではないので、ワークを通して気がついた解決方法、ワークを実施する以前に自分が経験した体験、解決方法など、たくさん思い出したり、あるいは新しく考え出したりしてみてください。

16 感情を育てよう！　対象年齢 小学校低学年から中学年

怒りのコントロール日記

ワークのねらい

子どもたちは、日常生活で、さまざまな出来事を体験します。特に、人間関係に関してみても、加齢に伴い、養育者との一対一の関係性から、近所のお友だち、幼稚園・小学校のお友だち、おけいこ先のお友だちと人間関係が広がっていきます。そのような中で、うれしいこと、楽しいこともたくさんありますが、ときには、子ども同士の欲求が衝突して、自分の感情をコントロールしなくてはならない場面を経験することも増えてきます。

このワークでは、1週間の間、毎日その日1日を振り返って、自分観察日記をつけてもらいます。そして、特に、1日のうちで怒ったことはないか振り返ってもらい、ワークに記入してもらいます。さらに、怒ることがあったとしたら、その後、どのような振る舞い（解決）をしたかを記入することで、自分を客観的に振り返ります。

ワークのやりかた

1 月曜日から、毎日、怒ったこととその後の振る舞い（解決）について自分観察日記をつけましょう。怒ったことがない日は、○をつけて、まわりの人がほめてあげましょう。

2 毎日、日記をつけましょう。

3 1週間後に、どのような1週間が過ごせたかを大人と一緒に確認しましょう。怒った事柄や回数だけに注目するのではなく、その後の対処のしかた（解決法）についても話し合ってみてください。適切な対処ができていたときは「よかったよ！」「よくがまんできたね！」などほめてあげてください。そして、うまくできた対処方法（解決法）について、ほかの場面への応用可能性を探ってみてください。

自分の気持ちに気づく	他人の気持ちに気づく	気持ちを調整する	他人とうまくかかわる
♡♡	♥♡	♥♥	♥♥

ワーク 16

今週、おこったことあるかな？

おこったこと	そのあと…	こうしたよ
月	→	
火	→	
水	→	
木	→	
金	→	
土	→	
日	→	

ワーク 例

1 今日から、1週間、自分観察日記をつけてみようか？ いつもの日記とは違うよ。怒ったこと日記だよ！

→お子さんに1週間日記をつけさせるため、興味がわくように、持続するように提案をしてください。

2 まずは、今日（月曜日が望ましい）の日記からつけてみようか？　今日は、何があったかな？　聞かせてみて!!

→まずは、怒ったことに絞らず、親子で１日のいろいろな出来事を振り返ってみてください。

3 今日もいろいろあったね。じゃあ、怒ったことはあったかな？

→続いて、怒ったこと（自分の感情をコントロールできなかったこと）をワークシートの矢印付の四角に書き込ませてください。

4 そんなことがあったの？　それで、○○ちゃん（お子さん）はその後、どうしたの？（解決した方法を聞く）

→怒った後に感じたことやとった行動を聞き、ワークの右側の四角（矢印付の四角と対応する右側の四角）に書き込ませてください。

例

火　削ったばかりの鉛筆がおれちゃった　→　プンってしたよ。そのあと、もう１回削ったよ

⋮

金　けんくんがぼくの積み木たおしたよ　→　たたいちゃったよ。だって、くやしいんだもん

5 1週間ワークを続けたら、怒った回数はどれくらいだったか、その頻度はどれくらいだったか、怒った後どのように感じ、どのような行動をとったのか、だんだん怒らなくなったか（自分の感情のコントロールができるようになったか）など親子で振り返ってみてください。

解説

1 1週間継続可能な時期に、自分観察の怒ったこと日記を始めてください。「日記をつけるのは寝る前！」など時間を決めてみて、忘れることのないように日記をつけてみましょう。

2 自分観察日記をつけます。まずは、「怒ったこと」に特化せず、広く1日について親子で振り返ってみてください。そして、気持ちがほぐれてきたところで、「怒ったこと」に触れます。そして、怒った後、どう感じ、どのような行動をとったかたずねてください。子どもさんによっては、怒ったことを後悔して思い出したくない場合もあるかと思います。その場合は、「怒ったこと」と「その後感じたこと」の両方を同時に聞き、「本当はどうしたかったか」をフォローしてあげてください。そして、怒った後の対応がうまくできていた場合は、たくさんほめてあげましょう。

応用編

1週間の自分観察日記が終わったら、親子で1週間全体を振り返ってみてください。怒る回数は減ってきたか、怒った後に感じる感情、とる行動に変化は生じているのか、怒りをもたらす原因に法則があるのか。そして法則がある場合、その法則を取り除くことができるのか、もう少し、自分観察日記を続けたほうがいいのか、いくつかの観点からお子さんを見てあげてください。場合によっては、次の週も日記を続けてみましょう。

！ポイント

解説の2の手続きを1週間、毎日繰り返してください。その際に、同じこと（同じことが原因で怒ってしまう）を繰り返している場合が見つかったら、「こんなときは、怒る前に深呼吸してみようか?」「一度、窓の外を見てみようか」などお約束をつくってもいいかもしれません。少しずつでよいので、「怒り」のコントロールができるようなステップをつくってあげてもいいかもしれません。

17 感情を育てよう！
対象年齢 小学校低学年から中学年

どっちにしようか迷ったとき

ワークのねらい

私たちの気持ちが揺れ動くときには、その根底にどちらも選びがたいという葛藤が存在していることがあります。その際、何と何が対立しているのかを理解することができて、はじめてその対応について考えることができます。例えば〝時間に追われてあせるという感覚〟について考えてみましょう。あせっている背景には、時間までに提出しなければいけない課題があるとし、提出時間が迫っている一方で、もう少し丁寧に取り組みたいという思いが存在しているとします。そうすると、「できあがりは気にせずとにかく時間に間に合わせる」のか、「多少遅くなっても納得がいくまで取り組む」のかという選択を迫られることになるでしょう。しかし、何と何が対立しているのかがわからないと対処方法を考えるどころか、あせりに圧倒されパニックに陥ってしまう可能性もあります。そこで、このワークではそもそも葛藤とはなんなのか？ について子どもたちと一緒に考えていく方法を提案したいと思います。

ワークのやりかた

1 どちらにしようかと迷った体験をあげさせます。

> 〝どっちにしようかな？〟って困っちゃったことはないかな？ 例えば、両方やりたいのにどっちか選ばなきゃいけなかったこととか？

2 身体にどのような変化が起こるかを考えさせます。

> そのとき、手をギュッと握ったり、顔がくしゃくしゃになったりとか、楽しいときとは違う感じにならなかったかな？

3 そのときどんな気持ちになるか考えさせます。

> 〝どうしよう困ったよー！〟とか〝泣きたい気分〟とかそのときどんな気持ちだったのかを教えて！

4 上手に話せたことをほめてあげます。

> 上手に言えたね！
> そういう気持ちは誰にでもあるんだよ。

自分の気持ちに気づく	他人の気持ちに気づく	気持ちを調整する	他人とうまくかかわる
♥♥	♡♡	♥♡	♡♡

ワーク 17

どうしよう？　あっちにしようかこっちにしようか迷ったことを教えて！

ワーク17 どっちにしようか迷ったとき

ワーク 例

どうしよう?　あっちにしようかこっちにしようか
迷ったことを教えて!

やりたいのにできないとか、
がんばっているのに
うまくいかないとか
困ったことはないかな?

例えば
こんな感じ

ゆうちゃんに一緒に
帰ろうって言われた

どうしよう?

まきちゃんにも一緒に
帰ろうって言われた

宿題が
終わらないよー!

どうしよう?

見たいテレビがある
のに!

授業中の課題が終わらな
よ!　先生は休み時間に
やりなさいって言うけど

どうしよう?

休み時間に友だちと
遊ぶ約束してるのに!!

解説

このワークでは葛藤とは何かということを理解することに加え、気持ちがいっぱいになってしまったときの身体感覚を自覚させることも目的としています。大人自身が困ってしまった体験を語り、そのときの気持ちや様子について身ぶり手ぶりを取り入れながら、例を示してあげると取り組みやすくなるでしょう。葛藤の概念を理解し、身体感覚を自覚することができると、そこで起きている自分の感情に気づき、その感情と距離をとりながらよりよい対処方法を考えていくことができるようになるでしょう。感情が大きく動いているときは、その場の感情で行動せずに、立ち止まって考えることが大切であるということが理解できるようになります。

応用編

身体感覚を感じることができたら、気持ちをうまく調整するために以下のような方法があることを教え、実践してみるとよいでしょう。

1 自分の心と話をする	「落ち着いて」「大丈夫！」 「気にしない！」など
2 深呼吸をする	大きく息を吸って…呼吸を止めて… ゆっくりはいて…
3 心地よいイメージをする	好きなことを考える うまくいったときを思い出す　など
4 その場から離れる	「ごめんね、また後で話そう」 「ちょっと外で気持ちを落ち着けてくるよ」など
5 間をとる	ゆっくりと 10 数える 「1、2、3、4、5、6、7、8、9、10…OK！」

！ポイント

迷ったり困ったりする心の動きは誰にでもあるので、罪悪感を持たずあせらないことが大切です。自分の気持ちや身体感覚がわかるようになることは、心が成長している〝しるし〟であることを伝えてあげましょう。

対象年齢 小学校低学年から中学年

困ったときに何をしてあげる?

ワークのねらい

多くの人とかかわっていくうえでは、自分の思いがすべて通るわけではありません。どちらかが一方的に意見を主張し続けていたら、相手はどんな気持ちになるでしょうか?　一方で、自分の意見は主張せずいつも相手に合わせたり、ゆずってばかりいたらどうでしょうか?　必ずどちらかに不満がつのり、その結果ケンカや言い争いに発展する可能性が高くなるでしょう。

こういった場合に一番よいのは、自分と相手の両方のニーズを満たす方法を考えていくという視点です。このワークではまず他者の気持ちに気づき、自分と他者の思いをうまく重ね合わせていくための方法について考えていきます。

ワークのやりかた

1 自分と相手のやりたいことがぶつかってしまった経験を聞きます。

「お友だちやきょうだいとやりたいことが同じになって、ケンカしちゃったことはないかな?　例えば、同じ時間に自分はこっちのテレビ番組が見たいのに相手は別の番組が見たい……とか?」

2 そういった状況に陥った際に、どのような対処方法があるのかについて書かせます。その際、具体的なやり取りを想定させ、どういった方法をとったのか記入させます。

「そのときどんなふうにしたのかな?　例えば〝泣いちゃった〟とか〝お母さんに言った〟とか、〝相手にゆずった〟とかいろいろな方法があるよね?」

3 その方法が自分のニーズ、相手のニーズ、両者のニーズのいずれを満たしているのか分類させます。

「それでケンカはなくなったのかな?　そのやり方はどっちもニコニコ?　それとも、どっちかだけがニコニコ?　どっちもシクシク?　どうだっただろう?　一緒に考えてみよう!」

4 両者のニーズを満たす方法について考えます。

「どっちもニコニコだと気持ちがいいね。こういうことが上手にできるようになると今よりももっとお友だちと仲良く遊べるようになるよ」

自分の気持ちに気づく	他人の気持ちに気づく	気持ちを調整する	他人とうまくかかわる
♡♡	♥♥	♡♡	♥♡

ワーク 18

やりたいことがぶつかったことはある?

こんなときどうする?

どこのボックスに入るかな?線を引いてみよう！

どっちもニコニコ　ニコニコとシクシク　どっちもシクシク

ワーク18 困ったときに何をしてあげる?

ワーク 例

やりたいことがぶつかったことはある?

弟は別のテレビが見たいって言って泣いちゃった。
こんなときどうする?
弟にゆずる
どっちも見ない
自分は見て弟は録画して別の日に見る
泣く
ものを投げる
自分が見る
けんかする
たたく
お母さんに言う
どこのボックスに入るかな?線を引いてみよう!
どっちもニコニコ
ニコニコとシクシク
どっちもシクシク

解説

例えばきょうだいで同じ時間に違うテレビ番組を見たいという場合があったとします。その際の解決方法としては、❶「一人は今見て、もう1人は再放送を見る（録画を見る）」、❷「一人は今見て、もう一人は見ない」、❸「けんかする」、❹「たたく」、❺「泣く」、❻「物に当たる」、❼「テレビの電源を切る」、❽「お母さんに言う」などが考えられるでしょう。そのうえで、それらが葛藤解決の方法として、以下の3つのパターンのどこに当てはまるのかを、子どもと一緒にゲーム感覚で取り組みながら考えていきましょう。

1	どっちもニコニコ	win-win	お互いのニーズを満たした形での解決	❶❽
2	ニコニコとシクシク	win-lose	どちらか一方のみのニーズが満たされる	❷
3	どっちもシクシク	lose-lose	どちらのニーズも満たされない	❸❹❺❻❼

応用編

どっちもニコニコの場面を想定し、どんなふうに相手に伝えたらよいかロールプレイをしてみましょう。例えば、テレビのチャンネル争いのケースならば大人が弟の役を演じ、本人と一緒にどっちもニコニコのやり方について練習をしてみてください。

！ポイント

〝お兄ちゃんだから〞〝年が上だから我慢しなさい〞ではなく、「あなたも○○したいよね。その気持ちよくわかるよ」と共感したうえで、みんながニコニコできる方法を考えてみようと提案してみましょう。その際に、「こういうことが上手にできるようになると、〝今よりももっと素敵な男の子／女の子になれるよ〞」といったメッセージをさりげなく伝えてあげてもよいですね。

対象年齢 小学校低学年から中学年

立ち止まって考える

ワークのねらい

感情には「喜び」や「悲しみ」そして「怒り」などさまざまな種類があります。感情を上手に表現することは、他者とのコミュニケーションを円滑にし、よりよい対人関係の構築につながります。しかし、ときに私たちは自分の感情に圧倒され、思いもよらない行動や発言をしてしまい後悔するということがあります。そういった言動の背景にはどのような心の動きがあるのでしょうか？　そのようなときは感情のコントロールを失っている、すなわち自分の気持ちとの客観的な距離がとれていないという状態に陥っていると考えられます。心の中をのぞくことはできませんが、言葉にして表現してみることで自分の思いを客観的にながめることができます。「あのときすごくイライラしてたんだよな……」とか、「あんなこと言われたからついカッとなっちゃったんだよね……」といったように、そのときの状況を振り返ることで、よりよい対処方法につながる前向きな思考が働くようになるのです。

このワークでは失敗は成長のチャンスであるととらえ、うまくいかなかったのはどうしてか、どうしてそうなってしまったのかを振り返り、次はこんなふうにしてみたらどうだろうか？　といったように、よりよい対処方法について考えていきたいと思います。

ワークのやりかた

1　感情のコントロールがうまくできなかった体験（そのときの状況、感情）を振り返ります。

「〝もうやだ！〟とか〝泣きたいよ〟とか自分の気持ちがいっぱいになっちゃって、ワーッとなっちゃったことはない？　手がギュッとなったり、心臓がドキドキしたりとかしなかった？」

2　そのときの気持ちに共感しながら、どんなことが起きたのか一緒に考えます。

「それはたいへんだったね。そのときのことを一緒に考えてみよう！」

3　どうすればよかったのか考えてみましょう。

「どうしたらあなたは悲しい気持ちにならなかったんだろう？」

自分の気持ちに気づく	他人の気持ちに気づく	気持ちを調整する	他人とうまくかかわる
♡♡	♡♡	♥♥	♡♡

ワーク 19

気持ちがいっぱいになったときのこと教えて！

どんな場面だった？

そのときの気持ちは？

そのときどうした？
行動

そのときどうなった？
状況

そのときどう思った？
感情

どうすればよかったんだろう？
行動

そうすればどうなる？
状況

そうすればどんな気持ちになる？
感情

ワーク 例

気持ちがいっぱいになったときのこと教えて！

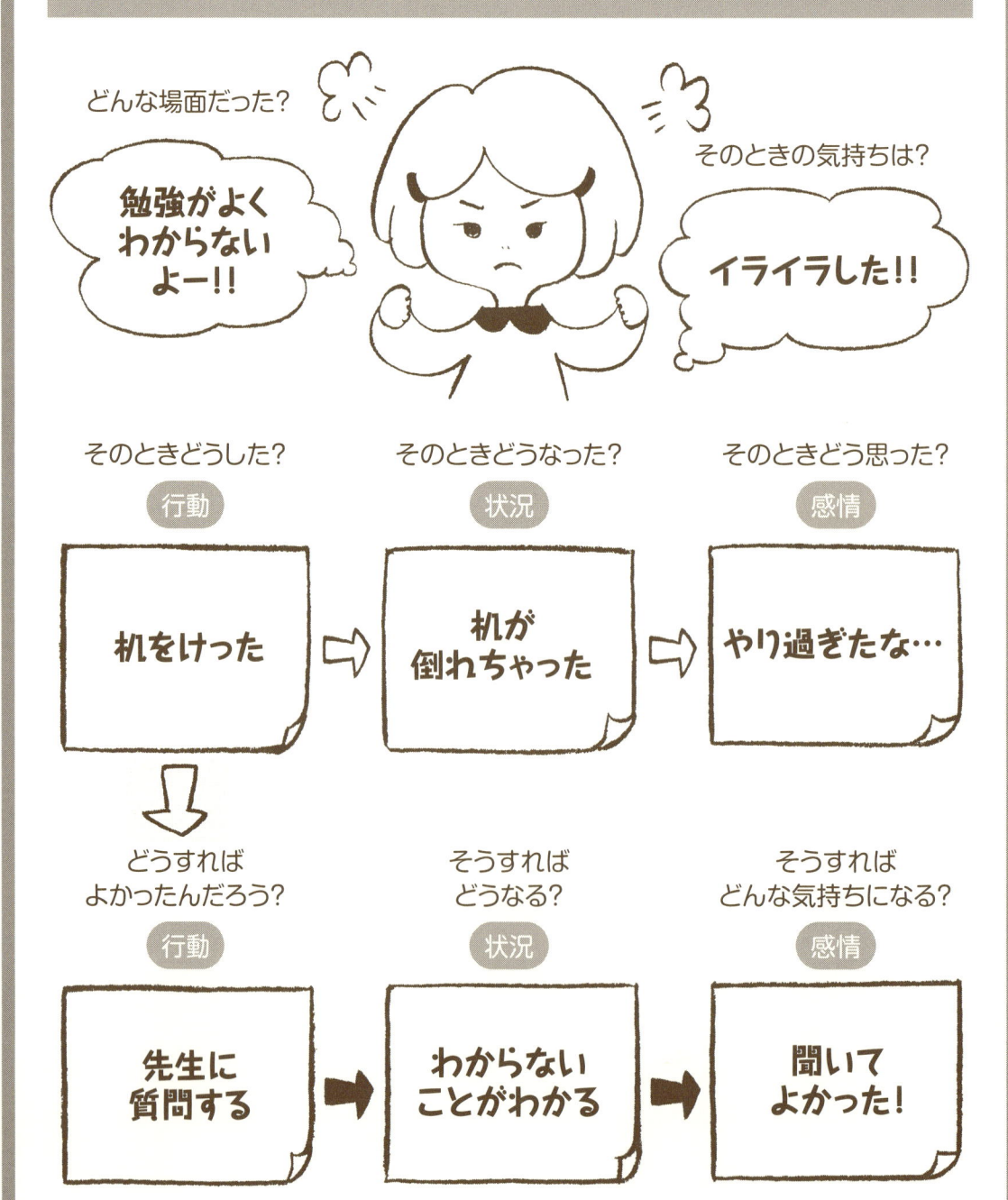

どんな場面だった？

勉強がよくわからないよー!!

そのときの気持ちは？

イライラした!!

そのときどうした？

行動

机をけった

⇨

そのときどうなった？

状況

机が倒れちゃった

⇨

そのときどう思った？

感情

やり過ぎたな…

⇩

どうすればよかったんだろう？

行動

先生に質問する

➡

そうすればどうなる？

状況

わからないことがわかる

➡

そうすればどんな気持ちになる？

感情

聞いてよかった！

解説

1 子どもたちはまわりとのかかわりをとおして、対人関係を円滑に維持していくための方法を獲得していきます。もちろん、新しい行動を獲得する際にはできるだけ失敗をさせないように肯定的なフィードバックを与え、スモールステップで確実に進めていくことが前提です。しかし、はじめからすべてが完璧にできる人はいませんし、その過程においては誰でも失敗をするものです。特に小学校低学年くらいまでは、自分が思っていることは相手も同じように思っている、という考えが強い自己中心的思考の段階にあります。自分と相手の気持ちが違っているということを理解するという視点が十分に獲得されていません。そういった認知発達の段階においては、他者とのトラブルはつきものですし、そこで体験される感情に適切に対処していくためには、多くの試行錯誤と時間を要します。

2 ワークをながめてみると、「そういうことだったんだ！」とわかります。そして、「うんうん。あなたの気持ちよくわかるよ」と共感してあげることができます。そのうえで、「でも、そうしてしまったことでお友だちにとっても、あなたにとってもいい結果にはならなかったんだよね」と伝え、「もっといい方法がなかったか一緒に考えてみようよ！」と提案することができます。一つの行動には、状況を認知し、それに対する感情があります。そして、それらにもとづいて行動が起きていることに気づくことは、子どもたちの力になるでしょう。

応用編

同じ場面を新しく考えた方法でロールプレイしてみると、楽しみながら適応的な行動パターンの獲得をうながすことができます。

ポイント

感情を言葉にすることは子どもにとっては難しいものです。子どもの言葉を聞き取り、大人が書いてあげるのもいいでしょう。導入として絵に手を加えたり、色をぬってみたりするのもおもしろいですね。怒っているイラストに角《つの》を書き加えて、プンプンしている様子を表現した子もいます。

20 感情を育てよう!　対象年齢 小学校低学年から中学年

「ごめんね」の気持ちを伝える

ワークのねらい

頭ではわかっているのにいざとなるとあせって失敗してしまったり、余裕がなくなってまわりにきつく当たってしまったり……という経験はよくあることではないでしょうか。そういった残念な体験はできるだけ少なくなるとうれしいですが、人には感情がありますから、簡単にはできないこともあります。そのようなときは、もちろん反省も必要ですが、きちんと相手に謝ればそれでよいのです。そのために、思うように感情をコントロールすることができなかったときの謝り方を身につけておくと安心です。思いきり失敗して、たくさん謝って、そして反省をする中で、周囲とのかかわりにおいて大切なやり取りをしっかり身につけていきましょう。

ワークのやりかた

1 **お友だちとケンカになってしまった場面を想定し、そのときの主人公の気持ちを考えてみます。**

「お友だちとケンカになっちゃって、あとで〝あのときは言いすぎちゃったな〟とか、〝ごめんね〟って謝りたいなと思ったことはないかな?」

2 **気持ちが整理できたことを前提に、〝ごめんね〟という気持ちを伝えるためにはどうすればよいのか考えます。**

「わざとやったわけじゃないんだよね。〝ごめんね〟っていう気持ちはどうすればお友だちに伝わるかな?」

3 **どのようにその気持ちをお友だちに伝えるのかシナリオを書いてみましょう。**

「どんなふうに伝えれば〝ごめんね〟っていう気持ちが伝わるだろう? 一緒に考えてみよう」

※場面は日常生活で起こりやすいトラブルや、子どもが実際に訴えてきた内容でアレンジするとよいと思います。

ワーク 20

泣いている理由は何かな?

どうしたらごめんねが伝わるかな?　いろいろな方法を考えてみよう

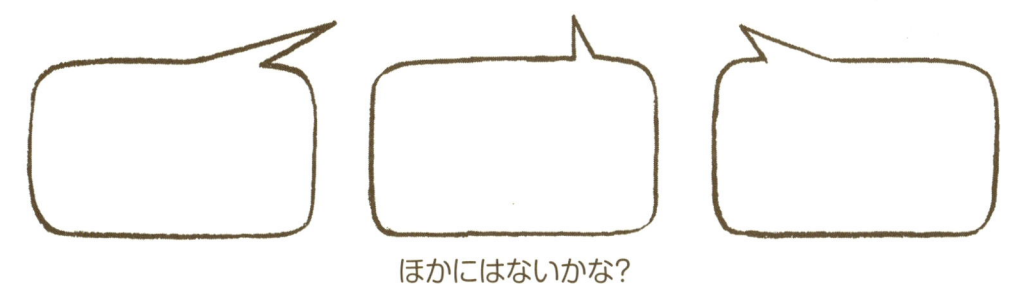

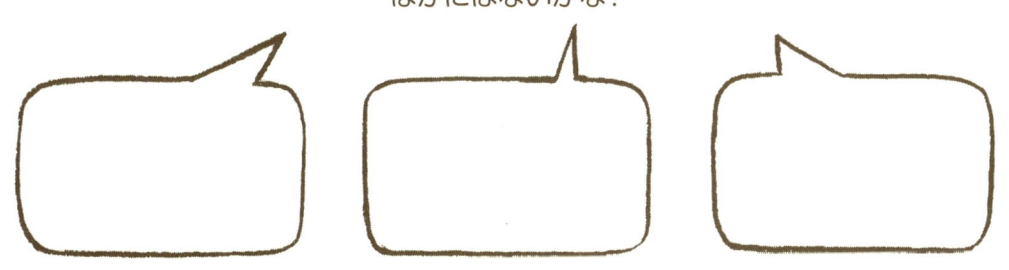

ほかにはないかな?

れんしゅうしてみよう!　どんなふうにごめんねをいうか考えてみよう!

ワーク 20 「ごめんね」の気持ちを伝える

ワーク 例

泣いている理由は何かな？

- あっこちゃんに私の絵を「ヘンなの」と言われた
- 言いすぎちゃったな。あっこちゃんにあやまりたい

どうしたらごめんねが伝わるかな？ いろいろな方法を考えてみよう

- ごめんねを言う
- 一緒に遊ぶ
- プレゼントをあげる

ほかにはないかな？

- そうだんする
- どうしてそうなったかを言う
- わざとではないと伝える

れんしゅうしてみよう！ どんなふうにごめんねをいうか考えてみよう！

> さっきはごめんね。うまくできなくて自分でも困ってたときに、「ヘンなの」って言われて頭にきちゃったんだ。あっこちゃんとはずっと仲よくしたいから、また仲よくしようよ。

解説

1 子どもから出てきたものに加えて、〝ほかにはないかな?〞のところで、「こんなやり方もあるよ」と教えてあげましょう。例えば、子どもたちからは〝プレゼントをあげる〞とか〝一緒に遊ぶ〞といった方法が出てくるかもしれません。そこで、〝ごめんねをきちんと言葉で伝える〞〝理由やそのときの気持ちを伝える〞という方法も提示してあげるとよいと思います。

2 大人が〝相手の目を見ないで謝る〞〝そっけない言い方をする〞など相手に気持ちが届かない謝り方を見せてあげて、「こんな謝り方じゃごめんねが伝わらないよね」「何だか悲しい気持ちになっちゃうな」と教えてあげましょう。自分のことを言われていると思うと素直に反省できなくても、大人が演じるモデルを見ることで、感情とは少し距離を置いて理解することができることもあるでしょう。

応用編

うまくごめんねが言えなかった場面を想定し、謝るロールプレイをしてみるのもいいですね。その際、実は私たちが発している言葉はもちろんですが、そのときの表情や声のトーン、姿勢なども重要であることを伝えるとよいと思います。謝る相手の目をきちんと見ていなかったり、ヘラヘラした表情で相手から謝罪を受けたとしたらどんな気持ちになるでしょうか? 〝なんだか真剣じゃないな〞という印象を与えはしないでしょうか? もちろん照れ隠しということもありますが、まずはきちんと「ごめんね」を伝える姿勢を身につけていくことが大切です。

!ポイント

低学年の子どもたちにとっては一緒に遊ぶことで気持ちを整理したり、心を込めてつくったものプレゼントしたりすることで〝ごめんね〞を間接的に表現していることもあります。ですから、そういった気持ちを理解してあげることも大切です。否定はせずに「そういうやり方もあるね」「そうやってごめんねを伝えているんだね」といったように子どもたちの思いを受けとめたうえで、「こんな方法はどうかな?」とさりげなく提案してあげましょう。

こんなときどうする？ゲーム

ワークのねらい

感情は外部の出来事をきっかけとして起こるものです。目の前にヘビが現れた場合〝怖い〟と感じ、その反応として〝逃げる〟という行動をとります。ですが、注射が〝怖い〟と思っても、じっとがまんして目をつぶるなどの行動をとります。このように、感情と行動は密接な関係を持っていますが、身体で感じる感覚とそれに続く行動がいつも同じとは限りません。

感情は身体の中で生じるので、自分にしかわからないものです。実際は、ヘビに襲われる恐怖の感覚である怖さと、注射の痛みに対する不安の怖さとではその強さに違いがあります。けれども、低学年では、感情を表す言葉が豊富ではないので、適切な感情表現がうまくできません。

●～～～ ワークのやりかた ～～～●

1 お話ボックスの中に選択用のお話カード（出来事）を入れておきます。「これから、こんなときどうする？ ゲームをします。はじめにこのお話ボックスの中からお話カードを1枚とってください」。

2 黒板（あるいは大きな机の上）に、感情カード（感情）、どうするカード（行動）、そして色分けしたお話カードをそれぞれ一覧にして掲示します。

3 選んだお話カードで、どんな表情になるのか、そのあとにどんな行動をするか、お話カードの色に相当する色のクレヨン（色鉛筆）で○をつけてもらいます。

> 例 「どんな気持ちになって、その後どんなことをすると思いますか？ 〝感情カード〟と〝どうするカード〟にお話カードと同じ色の○をつけてください」

4 全員が参加し、感情と行動の関係性を共有し、振り返りの話し合いをさせます。

> 例 「みんなの結果がこういうことになったけど、どう思った？」

※色別のマグネットを置く方法もよいでしょう。

自分の気持ちに気づく	他人の気持ちに気づく	気持ちを調整する	他人とうまくかかわる
♥♥	♡♡	♥♡	♡♡

ワーク 21

お話ボックスから選んだカードを見て、どんな気持ちになるか、そんなときはどうするか考えてみましょう。

お話は色別になっています。お話にぴったりの感情カードとどうするカードにクレヨン（色鉛筆）で○をつけてください。

お話カード

けんか（赤）	へび（緑）
プレゼント（青）	注射（茶）
叱られる（黄色）	一等賞（紫）

感情カード

- かなしい
- くやしい
- 心配
- うれしい
- おこる
- ドキドキ
- こわい

どうするカード

あやまる	逃げる	泣く
おれい	お母さんに言う	大声をだす
がまんする	たたかう	笑う

ワーク 例

○○くんは、注射カードを選びました。

どんな気持ちになるかな？　そして、そんなときどうするのかを考えて黒板の表に同じ色のクレヨン（色鉛筆）で○をつけてください。一つでもいいですし、考えられる気持ちや行動がたくさんあったら、あてはまるものに○をつけてください。

心配 茶　　ドキドキ 茶

どうするカード

あやまる	逃げる	泣く
おれい	お母さんに言う	大声をだす
茶 がまんする	たたかう	笑う

みんなでシェア

「茶色の出来事（注射）では、ほとんどの人が心配でドキドキするんだね」「がまんするのもあれば、泣くのにも茶色の○があるけど、逃げる人はいないようだね」と結果を解説します。大人が自らの体験談から話し始めるのは、自分のエピソードや気持ちが言いやすくなり、よいモデルとなります。

解説

1 ある場面に遭遇したとき、自分はどう感じるのだろうか？　まずは、その場面をイメージすることで自分の感情に気づくことができます。そして同じ出来事に遭遇しても、人によってさまざまな反応が見られることへの気づきをうながします。○の数や複数の色で反応が一様かバラバラかがわかります。これまで、〝注射は怖い〟と思っていたのが、ちょっと立ち止まって考えることができて、ほかの感情にも気づく機会が得られます。また、他者の感情と行動の関係を知ることで、同じ感情でもいろいろな表現があることが学べます。

2 実体験にもとづいたエピソードについて、クラスの何人かに発表してもらい、どんな気持ちだったのかを聞いてみます。それについて、「そのときの自分の顔はどんな表情をしていたと思う？　身体が震えたとか汗が出たとか、ほかに変わったことはあったかな？」と気持ちの度合いを言葉で言ってもらうと、あらためて自分の感情に気づくことができます。さらに、身体で表現すると周囲にも理解しやすいので、「私も同じだったー」「ぼくは汗なんか出なかったぞー」と、自分の気持ちと比べて考えることができます。

応用編

クラスで話し合わなければならない問題が起きたときも、〝こんなときどうする？〟のやり方が応用できます。一つの出来事にみんながどう感じたかを気持ちカードで表したり、意見を言い合って問題解決を図ることができます。

！ポイント

だれがどのような気持ちになって、どんな行動をとろうとしているかに焦点が当たらないように、全体の見方としてみんなでシェアします。どの行動がベストかではなく、「ちょっと怖いくらいならがまんできるけど、本当に怖いと感じたら泣いてしまうよね」といったように、感情には幅があることを伝え、感情の動きと行動の変化について体験してもらいます。

22 感情を育てよう!　対象年齢 小学校低学年から中学年

物語から感情を学ぶ

ワークのねらい

絵本や物語を楽しむことは創造力をはぐくみ、イメージの世界がどんどん広がっていきます。今まで気づかなかった未知の感情に触れるよい機会にもなります。小さいうちは、絵本に描かれた表情から喜びや悲しみ、怒りといった感情を理解するにとどまりますが、就学前後になると文章（ストーリー）を介して登場人物の感情を理解できるようになってきます。そして、恐れや安心といった複雑な心境にも感情移入できるようになってきます。

物語の展開から、例えば、遠足の前の日はワクワクして楽しい気持ちだったのが、当日の雨模様でがっかり、悲しくなってしまったというように、その場面場面で複数の感情が動いていくものです。

ワークのやりかた

1 3 枚からなる紙芝居を最後まで読んであげます。

2 1 枚目の場面で、主人公アイちゃんはどんな気持ちだったと思うか、表情を選んでもらいます。

> 例「このときのアイちゃんってどんな気持ちだったかな?」

> 例「○○ちゃん（児童の名前）がうれしかったときってどんなときだった?」

3 2 枚目の場面での気持ちの表情を選んでもらいます。

> 例「ところがなんということでしょう。最後はこんなことになってしまいました。アイちゃんはどんな気持ちになっちゃったのかな?」

4 3 枚目の状況になってしまって、どのように気持ちになってしまったかをたずねます。

5 最初の気持ちと最後の気持ちの変化に気づいてもらいます。

> 例「アイちゃんは最初、どんな気持ちだったっけ?　そうだね、はじめはわくわく楽しい気持ちになっていたのね。でも、おしまいは結局、悲しくなってしまったのでしたね」

6 このような気持ちが変化した経験をたずねてみます。

> 例「アイちゃんのようなことが起こったことあるかな?」

自分の気持ちに気づく	他人の気持ちに気づく	気持ちを調整する	他人とうまくかかわる
♡♡	♥♥	♡♡	♡♡

ワーク 22

お話

①きょうは学校の遠足の日。とっても良いお天気です。お母さんは朝早くからお弁当をつくっています。

②さあ、いよいよ待ちに待ったお昼の時間です。お弁当のふたをあけると、アイちゃんの大好きなミートボールが入っていました。

③おはしでつまんで、口に入れようとしたそのときです。ミートボールがぽろっと落ちて、ころころと転がっていきました。

1枚目

2枚目

3枚目

いろいろな表情

怒っている　泣いている　笑っている　困っている

ワーク 例

「これから紙芝居を見てもらいます。遠足のお話です。
主人公はアイちゃんという、みんなと同じ小学校○年生です」

① 最初は遠足に行く前のお話でしたね。アイちゃんはどんなお顔をしていたかな？　このお顔の絵からえらんでね。

予想される子どもの反応

「たのしみー」「ワクワクする」
「うれしいな」……

② 2枚目のお弁当の場面でも、同様にアイちゃんの気持ちをたずねますが、同じ表情でも違った反応が見られるかもしれません。

予想される子どもの反応

「お母さんのお弁当、大好き」「早く食べたいな」
「わー、おいしそう」

③ 最後の場面では、「ところが、なんということでしょう」と、ストーリーが一気に展開したことを強調してお話するとよいでしょう。「さて、アイちゃんのお顔はどんなふうに変わっていったでしょうか?」

予想される子どもの反応

泣いている

怒っている

解説

1 このワークでは、一連のストーリーの中で感情の変化が生じることを、他者の視点に立って客観的にとらえていきます。他者の感情を認識するのは、お母さんの表情を手がかりとして乳児の段階から始まります。幼児期になると、喜びや悲しみの感情が起こるストーリーの理解は可能ですが、主人公の心の変化を文脈の中から理解することはまだ不十分といわれています。それが、早い子どもですと6歳頃から表情をたよりに他者の心を推察することが徐々にできるようになっていきます。

2 結末の部分は、「なぜ、アイちゃんはくやしかったのでしょう?」と、単に悲しいだけではなく、くやしいや困ったという感情が示される理由にも注目します。低学年では、「アイちゃんの一番好きなおかずだったから」とアイちゃんの視点で考えますが、年齢が上がるにつれ「朝早くにお母さんがつくってくれたお弁当だから」と、他者（第三者）への思いやりからわき起こる感情の発達が見られるのも興味深いことです。

応用編

〝ボール投げをしてガラスを割ってしまった〟。こんなときは、「どうしよう！」とパニックになってしまいがちですよね。「一緒に謝りに行こう」とお友だちに言われたら、少し勇気が出てきます。正直に謝ったあとは、ホッと安心しますよね。感情の変化を知ることでいろいろな対処法も一緒に学ぶことができます。

ポイント

簡潔なストーリーの展開の中にある、〝お母さんがつくってくれた〟〝一番好きな〟というキーワードがポイントとなります。

23 感情を育てよう!　対象年齢 小学校低学年から中学年

気持ちにぴったりの言葉

ワークのねらい

児童期に入ると、ある程度の判断力を身につけた行動が可能となってきます。自分の世界が広がり、現実的な達成感を求め、いろいろなことにチャレンジする機会が多くなっていきます。期待や喜びを味わうこともあれば、挫折や失敗を経験することもあります。

しかし、言語能力が未熟なために、自分にわき起こった感情をうまく表現できないので、どう対処してよいのかわからないことがあります。思うような結果が得られなかったときなど、悲しいという感情とくやしいという感情が同時に起こることもあります。そんなとき、自分の感情にぴったりの言葉が表現できると気持ちがすっきりしてきます。また、自分の気持ちを適切な言葉で誰かに伝えることができれば、問題解決の糸口にもなります。

このワークは、ある状況に置かれた場合を想定し、どのような気持ちになるのかを適切な感情語で表現することを学びます。さらに、一つの状況においても複数の感情が起こることを体験してもらいます。そのうえで、さまざまな感情への反応とそれらを調節する能力を伸ばすことをめざします。

ワークのやりかた

1 さまざまな状況を表したお話カードを読んであげましょう。

例「がんばったのに、テストで 100 点がとれませんでした」

2 それぞれのお話カードと考えられる感情カードを結んで、気持ちを言葉に置きかえてみます。

例「○○くんはがっかりカードと悲しいカードを選んでくれましたが、どうしてそんな気持ちになるのかみんなに説明してもらえますか?」

3 自分がもし、そのような状況に直面した場合を想定し、その後どうするだろうか? どうしたらいいだろうか? について考えさせます。

例「そうだね。悪口を言われたら、怒るし、悲しくもなるし、そしてくやしい気持ちにもなるよね。ケンカにならないようにするにはどうしたらいいかな?」

自分の気持ちに気づく	他人の気持ちに気づく	気持ちを調整する	他人とうまくかかわる
♡♡	♡♡	♥♥	♡♡

ワーク 23

**下のような出来事が起こったら、どんな気持ちになるでしょう？
考えられる気持ちを感情カードから選んで
お話カードと結んでみましょう。**

お話カード	感情カード	
がんばったのに、100点がとれませんでした。	うれしい	おこる
仲良しの友だちが転校することになりました。	ドキドキ	かなしい
かぜをひいてしまい、遠足に行けませんでした。	がっかり	くやしい
授業参観で、音読をすることになりました。	ワクワク	はずかしい
友だちに悪口を言われてしまいました。	さみしい	うらやましい

ワーク 例

○○ちゃんはこんなカードを選んでくれました。どんなお話かみんなに聞かせてください。

「がんばったのに、100 点がとれなかったってお話です」

では、そうなったらどんな気持ちになるか、お隣の感情カードと結んでみましょう。思い浮かんだものいくつでもいいですよ。

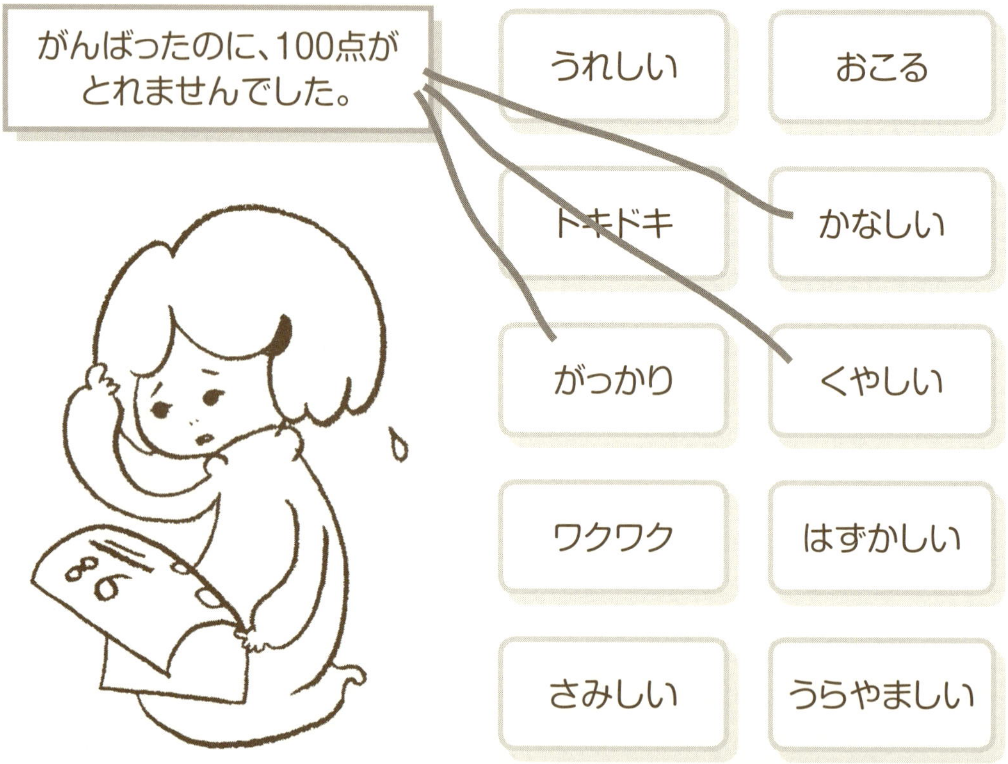

黒板にお話カードと感情カードを掲示し、みんなにわかるように、線を引いてもらってもいいですね。

その後、どうしたらいいですか？　と元気になるようなフォローも大切です。

解説

1 お話カードから選ぶ題材は、なるべく自分が困ったときの実体験に近い出来事であれば、よりたくさんの感情に気づくことができるでしょう。ですが、低学年ではまだ多くの経験を積んでいるわけではありません。選択肢がかたよってしまうかもしれません。どれも選べないでいる子どもも出てくるでしょう。そういう場合は、「もし、こんなときだったらどうしよう?」と仮定して考えてもらうことを提案します。また、「○○ちゃんは、この前、お腹が痛くなって給食が食べられなかったことがあったよね」といったように、実際にあった状況に内容を少し変化させてみるのもいいでしょう。

2 線を結ぶことにより、視覚的にとてもわかりやすい結果が得られます。「たくさんの気持ちになるんだね」と、複数の感情が同時に起こることを体験してもらいます。そして、「テストの点数を見たとき、がっかりして、悲しくなって、そしてくやしい気持ちにもなったんだね」と、客観的に分析してあげれば、単に悲しくて涙が出るのではなく、一生懸命がんばった思いが強かったことにも気づくことができます。

3 そのうえで、どうしたらいやな気持ちをやわらげられるか対応する方法について考えさせていくことで、しだいに調整することができるんだ！　ということを理解していきます。

応用編

お話カードと感情カードの結びつきを理解できたら、今度は実際にあった出来事を発表してもらい、そのときどんな気持ちになったかを言葉で表現してもらいましょう。振り返ることであいまいだった自分の気持ちの整理ができるようになります。

ポイント

どの気持ちになっても認めてあげることが大切です。そのうえで、「がんばったことが大切なんだよ」や「お友だちと別れてさみしいと感じるのはやさしいからだね」とフォローしてあげることは、子どもに勇気と自信を与えることになるのです。

対象年齢 小学校低学年から中学年

気持ちを知ったうえでかかわる

ワークのねらい

学校生活にもなれてくると、泣いているお友だちに「どうしたの?」と声をかけたり、困っているお友だちを助けてあげようという思いやり行動（援助行動）が見られるようになります。低学年の段階では、笑っているから楽しい、泣いているから悲しいといった表情を手がかりとして相手の感情を共有します。それらは、自分の経験にもとづいて判断されます。そして、学年が上がっていくにしたがい、他人の立場を認めたり理解したりする能力が徐々に発達し、相手の気持ちを推測することが可能となってきます。

しかし、小学校低学年ではいまだ自己中心性が強く、学校での規則的な生活や友人関係などを通して思い通りにいかないことがたくさんありトラブルが多い時期ですが、自分の気持ちだけを主張していてはいつまでもトラブルが解決できません。そんなときは、他者の気持ちになって自分の欲求との折り合いをつけることで仲間意識が築かれていきます。

ワークのやりかた

1 イラストに表したお友だちの状況を説明してあげましょう。

例「体育の時間に、どうしてもとび箱がとべないお友だちがいます。その子はどんな気持ちになっているかな?」

2 そんなお友だちを見たらどう思うか。また、何をしてあげようと思うかをたずねます。

例「あなたはどんな気持ちになったかな?　あなただったらどうするかな?」

3 相手はどんな気持ちになったかもたずね、思いやりの声かけや行動が関係性を深めていくことに気づくようにします。

例「そうだね。大丈夫って言われたことで、だいぶ心配が減るよね」

自分の気持ちに気づく	他人の気持ちに気づく	気持ちを調整する	他人とうまくかかわる
♡♡	♥♡	♡♡	♥♥

実践編●感情を育てよう！

ワーク 24

下のような出来事がお友だちに起こった場合、お友だちはどんな気持ちになっているのでしょう？　気持ちボックスの中から、考えられるものを選んでください。そして、そのようなとき、あなただったらどうすると思うのかも一緒に考えてみましょう。

とび箱がとべない

隣の席の子が100点

鼻血

忘れ物

運動会

気持ちボックス

- くやしい
- みじめな
- うらやましい
- かなしい
- うれしい
- はずかしい
- たのしい
- がっかり
- こわい
- しんぱい

それじゃ、どうしてあげようか！

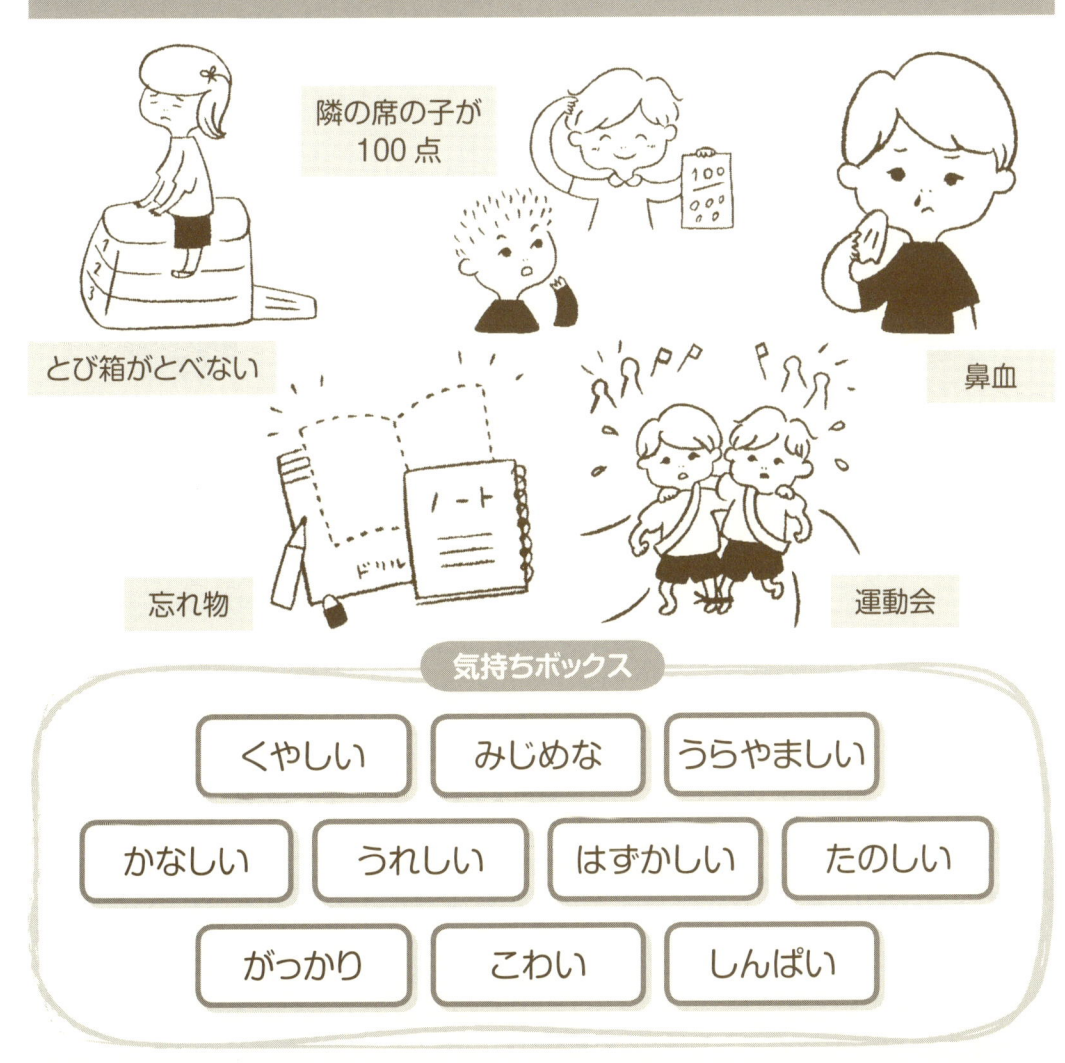

ワーク 例

みんなで遊んでいるとき、ぶつかったり、ころんだりしてけがをすることがあるよね。
下の絵は、ボールがあたって鼻血が出てしまったお友だちの絵です。

お友だちはどんな気持ちになったかな?
前ページの気持ちボックスから選んでください。

予想される
子どもの反応

「痛いって思うから、悲しくなっちゃうかな」
「ぼくだったら、鼻血ははずかしいな」

たとえ同じような経験がない場合でも、それに近い体験をあげ、「ころんですりむいたり、熱でつらそうなお友だちのことでもいいよ」と、イメージしやすいようにうながします。実体験を話してもらい、そのときの自分の気持ちと絵の人物の気持ちを結びつけて考えさせるのもいいですね。

何をしてあげればいいかな?

「保健室に連れて行ってあげる」「先生に言う」「ティッシュをあげる」など、さまざまな対処法が出ます。子どもによっては、思いやる気持ちがあっても、なかなか行動に移せないでいます。「○○ちゃんは、大丈夫? って言われたらどんな気持ちになるかな? そうね、ちょっと安心するよね」と、思いやりの心を言語化してあげるといいですね。

解説

1 他者の気持ちに気づくには、まず自分だったらどうなるかを思い浮かべ、相手の立場に置きかえて他者の気持ちに寄り添うことから始まります。「○○ちゃんはどんな気持ちになった?」と問われても自分の反応で答えてしまうことが予想されます。「○○くんは、そう思ったのね」と一人ひとりの考えを尊重してあげましょう。いろいろな感情を知ることは他者の気持ちへの理解の幅を広げてくれます。

2 小学校低学年から中学年では、相手の立場を認めたり理解したりする能力が十分ではありません。他者を援助できるのは、自分が援助されたことのある場面や相手が困っていることがよくわかる場面がほとんどです。相手が困っていることに気づいても、どう援助すればよいのかわからないことだってあります。〝困っているときは助ける〟と頭でわかっていても、〝さて、何をすればよいのか?〟いざというときにとっさの判断がつかないことだってありますよね。「消しゴムを2個持っていたら、貸してあげることができるよね」というように、具体的な情報を提供してあげるとイメージしやすくなります。

応用編

ロールプレイをやってみると、より相手の気持ちに近づくことができます。終わったあとに、それぞれ、どんな気持ちになったかを話してもらうことで感情を分かち合うことができます。

ポイント

自分がしてもらってうれしかったことは、相手への感謝の気持ちとして心に残ります。また、他者の行った援助行動はモデルとしての効果があります。したがって、日頃から、友だちの気持ちやその場にふさわしい言葉かけをすることや、話を聞いたりするなどの具体的な援助スキルを身につけることが大切となってきます。

25 感情を育てよう!　対象年齢　小学校低学年から中学年

心と身体はつながっている

ワークのねらい

毎日の生活の中で、子どもたちは自分の体験としてさまざまな感情が起こってくることを理解し、それらを言葉にしたり、その原因を考えたりすることができるようになってきます。楽しい、悲しい、怒りといった根源的な感情だけではなく、もう少し複雑な感情（がっかりする、あこがれる、みじめなど）にも気づくことができます。

それと同時に、自分の感情を客観的にとらえ、自分の身体がそのときどうなっているのか、言語化することができるようになってきます。

例えば「怒り」がだんだん蓄積されていき、感情が爆発するまでの身体の変化については、「心臓がバクバクする」「はあ、はあと息が荒くなる」「胃が痛くなる」など、自分や友だちの様子の観察から言語化することができます。まず個人で考え、その後クラス全体でまとめていくと効果的です。

このワークは感情に伴う身体の変化のパターンを知っておくことで、逆に生理的な変化から、自分の今の感情に気づき、その後の適切な行動に結びつけることができるようになることを意図しています。

ワークのやりかた

1 感情を表現した顔のイラスト（うれしい、心配している、怒っている……）を見せ、そのうちの1枚を選択させます。みんなで一緒に、どんな感情なのか、自分はどんなときそのような気持ちになるのかなどを話し合います。

例「この顔は相当怒っているけれど、こんな顔になったことがある人、そのときの様子を教えてください」

2 発言の中から、身体の変化にかかわるような発言があったら、それをもとに（出なかったら教師から自分の体験談として）自分の身体の変化に気づいたことがないか、話し合いのテーマを絞っていきます。

例「今、○○さんから、頭にきてキレそうになったとき、心臓がどきどきしたっていう意見があったけれど、ほかにも似たようなことがあった人はいませんか?」

3 身体の変化から、今の自分の気持ちが逆にわかることに気づかせます。

自分の気持ちに気づく	他人の気持ちに気づく	気持ちを調整する	他人とうまくかかわる
♥♥	♡♡	♥♡	♡♡

ワーク 25

こんなとき、あなたはどんな気持ちですか？　そのとき、自分の身体はいつもとどこが違うか、考えてみましょう。

1 100 点をとった！

2 悪口を言われた……

3 ビリになった

4 発表の順番が回ってくる……

5 先生にお礼を言われる

6 友だちとけんかした

ワーク 25 心と身体はつながっている

ワーク 例

国語の時間、あと3人で自分のスピーチの順番がまわってきます。練習は何回もしたけれど、自信はありません。今、発表している人はとても上手です。この男の子はどんな気持ちでいるでしょうか？

例 あーあ、もうすぐぼくの番だ。いやになっちゃうな。逃げ出したいよ。

このとき、この男の子の身体はいつもとどこがどのように違うでしょう。色をぬったり、言葉で説明を書いてもいいですね。

心臓がどきどきしてくる。頭が痛くなる。手に汗をかく。おなかが痛い。トイレに行きたくなる。気持ちが悪くなる。ワクワクしてくる。ぜんぜん平気。いつもといっしょ。

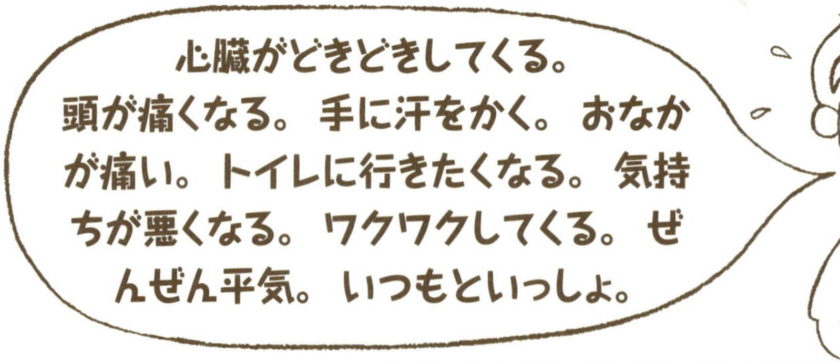

- 「どきどきしてきたら」「手に汗をかいてきたら」どうしたらよいのか、自分でできる対処方法も話題にするとよいでしょう。
- 自分はまったく平気だという意見もクラスの実態によっては出てきます。感情には個人差があることを確認して、「そうですね。あなたはスピーチが楽しみなんですね」と容認します。心配に思っている人には、こんな身体症状が出るということを伝えておきます。

解説

1 感情に伴う身体の変化については、認識しているようでいて、実際にはあまりわかっていないことが多いようです。「そのとき、身体に何が起こったかな?」と質問を投げかけられて、あらためて振り返り、言葉に置きかえることで認識ができていきます。すべての感情には意味があるのと同様に、その身体反応にも意味があることを理解することが、感情を自分でコントロールすることにつながっていきます。

2 「うれしい」「楽しい」などのプラスの感情のときは、身体の変化がわかりにくく、意見が出にくいということも考えられます。そんなときにはクラスで実際にあった例を取り出し、学級全体で喜んだ場面の全体の様子がどうだったか、一人ひとりの様子がどうだったかを教師が示すことも有効です。

3 学習前に児童の様子をよく観察し、タイムリーな例が出せると、学習の効果がよりいっそう上がります。また、学習後もやりっぱなしではなく、何か事があるたびに振り返り、確かにそうだという認識が持てるようになると、子どもたちが感情を意識していくようになります。

応用編

クラスの実態によっては、身体の変化が収まると感情も一段落することを伝え、身体の状況を変えることが、感情をコントロールすることにもつながることを合わせて学習してもよいでしょう。ただし、あまり身体の変化に神経質になりすぎたり、そのこと自体をわるく思わないように伝えていきましょう。

！ポイント

心と身体の関係は、高学年になると他教科でも学習をします。心と身体の密接な関係について知ることは、ほかの人への思いや自分の気持ちの整理にもつながり、とても大切なことです。クラス全体での話し合いや大人との会話で、身体の反応も意識できる子どもたちに育てたいものです。

友だちの言葉に耳をすます

ワークのねらい

ほかの人の感情を読み取ることは、時と場合、条件によってはかなり難しいといえます。まだまだ自己中心性が強いこの時期の子どもにとって、自分と同じような感じ方をする相手はまだしも、自分とは違う感じ方をしている相手を理解するのはなかなか難しいことです。

しかし、自分の気持ちを上手に伝え、ほかの人とうまくかかわっていくためには、他人の感情がどのような状況でどのようにつくられるのか、意識できることが不可欠です。ほかの人の感情が理解できるからこそ、自分の気持ちを調整したり、人とかかわっていくときに気をつけることを実践したり、問題が起こったときに解決する方法を身につけておくことが必要になるのです。

つまり、ほかの人の感情が、どのような状況で起こり、その相手がそれをどう表現しているのかを理解する力をつける必要があります。

このワークでは、日常でよく使われている会話の言葉から、それを言った相手のその奥にある感情を考えます。そして、状況によって、人によってさまざまな感情があることを理解できるようになることを意図しています。

～～～ ワークのやりかた ～～～

1 ワークの「　」のセリフを感情をこめて読ませます。違う読み方ができる場合は、すべてやらせておきます。

> 例「私には友だちがいない」「先生は、全員で分けなさいと言ったよ」「全部、食べたよ」「終わりの時間がきたよ」

2 その人がどのような状況でそれを言っているかを想像します。

3 「　」のセリフに、どのような感情があるのか、見つけます。

> 例「今、○○さんが読んでくれたセリフは、どんな気持ちで読んでくれたか考えてください」（自慢したい気持ち、やっと食べたよという気持ち等）

4 感情を見つけるのに難しいことは何か、を考えさせます。

> 例「同じセリフなのに、気持ちによって言い方が違いましたね。相手がどんな気持ちかをちゃんとわかるには、何に気をつけるといいですか？」

自分の気持ちに気づく	他人の気持ちに気づく	気持ちを調整する	他人とうまくかかわる
♡♡	♥♥	♡♡	♡♡

ワーク 26

次の「　　」のセリフを聞いて、どんな感情が奥にあるのかいろいろな場合を考えてみましょう。

1「私には友だちがいない」

心の奥にある気持ち

2「先生は、全員で分けなさいと言ったよ」

心の奥にある気持ち

3「算数は苦手です」

心の奥にある気持ち

ワーク 例

黒板にセリフを書いた紙を3〜4枚はります。

1「わたしはだれとも遊びたくない」
2「それはわたしのです」
3「全部、食べたよ」

「だれか、この中のセリフを1枚選び、気持ちをこめて読んでください」
「どんな気持ちで言ったと思うか、自分で想像して発表しましょう」
「なるほど。○○な気持ちだと思ったのですね」
「ほかの気持ちをこめて読める人はいますか?」

ほかの気持ちが出てこなくなるまで繰り返します。

心の奥にある気持ち		
	1の例	「いばった気持ち」「無理している気持ち」「一人がいいという気持ち」
	2の例	「自慢している気持ち」「さわらないでと怒っている気持ち」「しまったという気持ち」
	3の例	「ああ、疲れたという気持ち」「やったあと喜んでいる気持ち」「ほめてほしい気持ち」

「書くと同じ言葉なのに、こんなに違ういろいろな気持ちがあるのですね」
「どうしてそんな気持ちだと考えたのですか。くわしくその様子を話してください」
「気持ちを考えるとき、難しかったことは何ですか」
「その言葉を言った人がどんな気持ちで言ったかをわかるには、何に気をつければいいですか?」

（心の奥にある気持ち）
だれもわかってくれない
いやなことをされた
本当は遊んでほしい
声をかけて

解説

1 3年生だと、このワークをどの時期にするかによって「気持ち」が言葉として出てきにくい場合があります。一つの例を教師主導でじっくりやり、日常生活の場面で例にあげたような出来事が起こったとき、学習を広げていくことが考えられます。

2 予想しない「気持ち」がたくさん出てきても、なぜそう考えたのかを説明させ、気持ちをこめて読むなどの活動を取り入れると、気持ちには同時に複数の感情があること、人によって感じ方が違うことがあるといったことに気づかせることができます。

3 自分の感情と同じように、ほかの人の気持ちにもそう感じるに至った経緯（状況や理由）がそれぞれにきちんとあり、それを理解することが相手を大切にすることにもつながるというまとめができるとよいと思います。

応用編

今までの体験の中で、ほかの人の気持ちがわかったという例をグループごとに話し合うという場面を設定することもできます。そのとき、相手のどんな様子からそう思ったのかを話すことができるよう、確認をしておくとよいでしょう。

ポイント

コミュニケーションは、言葉だけではなく、相手の顔の様子、声の調子、視線の先、手や足など身体の動きなどにも着目するとよいことが、子どもたちの話し合いから出てくればよいのですが、難しい場合には知識として教えることも大切です。また、微妙な感情を表現するためには、顔マークを使って言葉に置きかえる練習をしたり、教師が日常生活の中で顔マークと言葉をタイアップさせる場面を設定することも考えられます。

対象年齢 小学校低学年から中学年

怒りのレベルはどれくらい?

ワークのねらい

日々の生活の中で、怒りの感情は比較的自分で認知しやすい感情です。「最初は平気だったけど、だんだん腹が立ってきた」「あんなことを言われて頭にきた」。このように怒りがたまっていってキレる状態になっても、冷静になったときには振り返ることができる場合がほとんどです。

しかし、わかっていてもそのままでは怒りを爆発させてしまうことになるので、適切な対処方法が必要となってきます。怒りを爆発させないまでも、誤った方法をとっているとそれがストレスとなり、別の問題を引き起こしてしまいます。だから、怒りに対して適切な回避の方法を知っておくことはとても重要なことです。

怒りの度合いをレベル1からレベル10まで設定し、全員でそれぞれのレベルがどのような怒りなのかを言葉に置きかえさせます。教室に目盛りと自由に動かせる針を設置します。温度計や時計、エレベーターなど、子どもたちが興味を示すものでつくると楽しさも加わります。そして、怒りが頂点に達する前に回避する方法も学んでいかせます。

このワークは自分の怒りを目に見えるかたちで置きかえ、「だから今、この方法を実行して怒りを解消させよう」と発達段階に応じてそれぞれ自分で考えられるようにしていくきっかけとなることを意図しています。

ワークのやりかた

1 怒りにはさまざまなレベルがあることを提示し、それぞれがどの程度の怒りなのかを話し合い、言葉で表現させます。

例「同じ怒るという言葉を使ったときでも、そのレベルは人によって、場合によって違いますね。一番腹が立ったときには、なんと言いますか?」

2 目盛りを見せ、話し合いで確認できた言葉を目盛りに書き込んでいきます。

3 怒りがたまってきたときにどうすればそれをおさめられるか、自分の経験などからアイデアを出させます。

4 実際にその方法をクラスの全員でやってみます。

自分の気持ち に気づく	他人の気持ち に気づく	気持ちを 調整する	他人とうまく かかわる
♡♡	♡♡	♥♥	♡♡

ワーク 27

下に「怒りのデパート」があります。レベル1（1階）からレベル10（10階）までにどんな名前がつけられるでしょうか？ いくつかの目盛りを選んで書き込んでみましょう。

怒りのデパート

- 10階（　　　　）
- 9階（　　　　）
- 8階（　　　　）
- 7階（　　　　）
- 6階（　　　　）
- 5階（　　　　）
- 4階（　　　　）
- 3階（　　　　）
- 2階（　　　　）
- 1階（　　　　）

レベル10　レベル8　レベル6　レベル4　レベル2

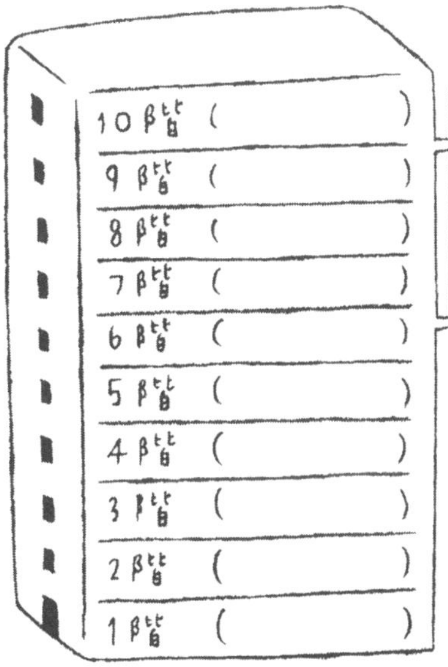

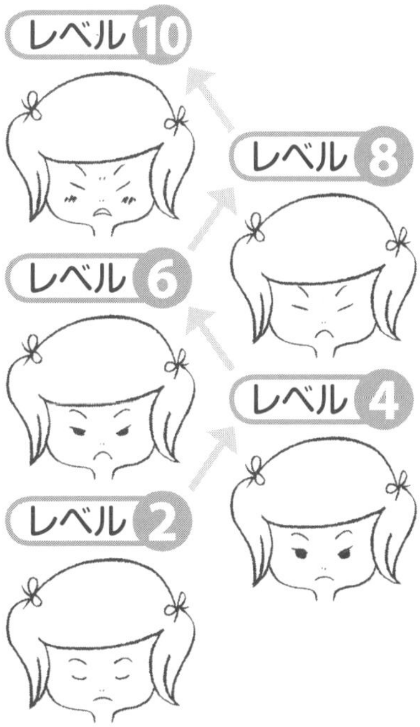

それが完成したら、こんなことを言われたらどのレベルの怒りになるか、一人ひとりが確かめてみるとよいでしょう。

そして自分が一番怒るのはどんな場合なのか、考えてみましょう。

「怒り」をおさめる方法

①深呼吸をする。　　　　②体を動かす（散歩など）。　　　　③ねる。
④カウントダウンをする。　　⑤誰かにそのことを話す。
⑥好きなことをする（遊ぶ、歌を歌う、料理する）。

ワーク27 怒りのレベルはどれくらい？

ワーク 例

これは怒りのデパートです。だんだん上にあがるほどカッカして怒っている状態を表します。それぞれの階に怒りの名前をつけてみましょう。

怒りのデパート
- 10階（ 激怒 ）
- 9階（ キレそう ）
- 8階（ うざい ）
- 7階（ 頭にくる ）
- 6階（ むかつく ）
- 5階（ いらいらする ）
- 4階（ 腹が立つ ）
- 3階（ ちょっと腹が立つ ）
- 2階（ むーし ）
- 1階（ ふん！ ）

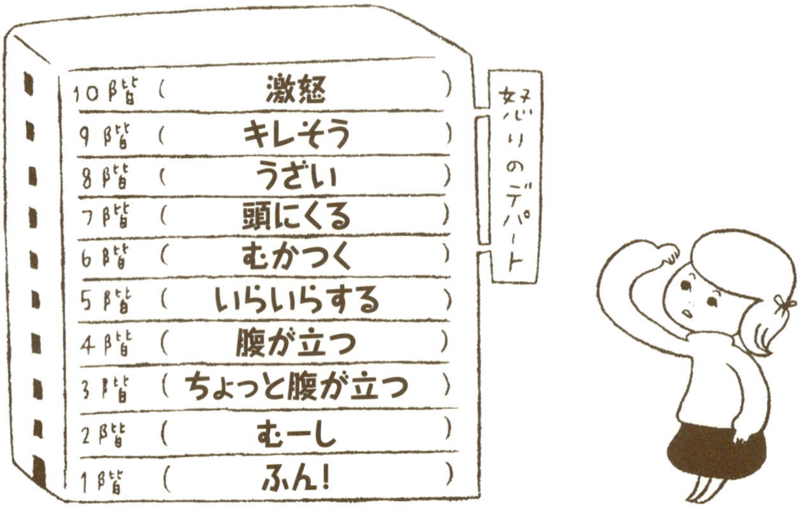

学級で一つの言葉に統一してもよいですし、一人ひとりがそれぞれのデパートを持っていてもよいでしょう。大きいものを作成し教室に掲示しておくと、ことあるたびに使って指導ができます。

デパートが完成したら、いくつかの例を教師が出し、自分だったらどの階に上がるのか考えさせます。

例
- 自分の消しゴムを勝手に使われた。
- 誰かがいやなあだ名で自分を呼ぶ。
- 本を読んでいるのに、友だちがしつこく話しかけてくる。
- 今やろうと思っていたのに、先生に早くしなさいと注意された。
- 「おまえのせいで負けた」とサッカーの試合のあとで言われた。

最後に、自分がこんなことをされたら最上階に上がってしまうということをあげさせます（発表させなくても書かせるだけでもよいでしょう）。

「怒り」をおさめる方法　いくつか実際にやってみて、「デパートの5階くらいだったらこれを使うといいね」といったように話し合ってもいいですね。

解説

1 「怒り」は学校生活の中のさまざまな場面で見られます。小さいものから大きいものまで、状況や相手により、また受けた側の感じ方でも差が出てきます。その怒りを目に見えるかたちでレベルづけをすることで、自分の感情が今どの程度なのか、とらえやすくなります。

またほかの人の感情に気づくトレーニングにもなります。「こんなことで、あの人はあんなに怒るんだ」「私だったらとても許せないと思うのに、意外と平気な人もいるんだ」というように、自分や他人の理解にもつながっていきます。

2 低学年では個人での活用が有効ですが、中学年になるとクラスの目安として全体で取り組むと、問題が起こったときに解決がしやすくなるという利点が出てきます。解消方法は全員で体験し、深呼吸やカウントダウンが意外と効果があることを体験させておきます。

3 「怒り」は非常に個人差があるので、出てきたことはすべて受容し、さまざまな感じ方があることを認めておきたいものです。

応用編

10段階のレベルではなく、クラスの実態に合わせてもっと細かくという場合であれば、温度計などプラスとマイナスがあり、「沸騰する」「凍る」という現象にもなぞらえることができるシチュエーションで取り組んでみるのもおもしろいです。

ポイント

教師も怒ったときには、これを使って表現すると子どもたちも使えるようになります。怒りの矛先をおさめるいくつかの方法も紹介し、自分の解消方法を自分で見つけておくことの大切さを強調しておくことも大事です。

28 感情を育てよう！

対象年齢 小学校低学年から中学年

「協力」できるかな？

ワークのねらい

学校やクラスの目標によく使われるのが「協力」という言葉です。家庭の中でも「お母さんに協力してね」などと使われることが多く、子どもたちも幼い頃から耳にすることがあったはずです。

「協力」は力を合わせることです。しかし、力を合わせるということが具体的に何をすればよいのかということは、まだこの頃の子どもたちにはよくわかっていないのが実情です。ただ「協力しよう」と言っているだけでは、協力はできません。

具体的な場面で実際にグループで活動をし、そのときに自分ができる役割を果たすことが「協力」である、ということを実感する体験を積んでいくことで、集団で活動するとき、うまく人とかかわる力がついていくのです。

したがって、活動中に行動として表れたそのことが協力である、ということをきちんと言語化していくことが大切です。

このワークは、話し合いをしなくても自分の果たす役割が何であるかを一人ひとりが察し、行動に思いきって移していくことが大切であることを自覚することを意図しています。

ワークのやりかた

1 6人から8人でグループをつくります。

2 グループごとにかたまって、目をつぶって座ります。

3 全員目を閉じたまま、アトランダムに「しりとり」をしていきます。

> 「しりとり」をする以外は声を出さず、連続で10回続けられるか挑戦します。同時に2人以上が声を出すと、最初からやり直しです。

4 成功したグループもうまくいかなかったグループも、難しかったのはなぜか、目や口を使わずにどうやって自分の役割を果たしたのか、振り返りをします。

自分の気持ちに気づく	他人の気持ちに気づく	気持ちを調整する	他人とうまくかかわる
♡♡	♡♡	♡♡	♥♥

ワーク 28

「しりとり」は子どもたちの身近な遊びです。「しりとり」を楽しみながら、グループのメンバーの一員として考え、工夫し、実際の行動に移すことが必要になってきます。

どのタイミングで言えばよいのか、または言わないほうがよいのか、どうしたらグループとして成功するのか、子どもたちは必死です。

「相談したい！」という声があがってきますが、あくまでも言葉は使わないことを確認します。「言葉を使わなくても成功する」と言って励ましてください。

成功したグループには、もう少し長く続けることにチャレンジするか、席替えをしてもう一度やってみるなどバリエーションを持っていると、クラス全体が成功するまで間が持ちます。

「しりとり」以外のチャレンジ

- 数かぞえ
- 好きな食べもの
- 円くなって手をつないでやってみる
- 距離を離してやってみる

ほとんどのグループが成功したら、感想の発表をもとに、難しかったことは何か、言葉や目を使わなくても最終的に成功したのはなぜなのかについて話し合いをさせます。クラス全体でまとめておくとよいでしょう。

例

「今自分が言っていいかどうかがわからないのが難しかった」
「誰も言わない時間が長いと、自分が言おうかなとものすごく迷った」
「順番に言っていけばいいのに、それがわからない人がいたから、口で言いたかった」
「作戦タイムをくれれば簡単なのに」

ワーク例

「今日はグループでしりとりをします。でも、ただのしりとりではありません。条件があります。①しりとりを言うとき以外は、声を出しません。②目をつぶります。③順番は自由です。④誰かと誰かの声が重なったら、初めからやり直しです。⑤10回続けられるかチャレンジします」

<table>
<tr><td rowspan="4">予想される子どもの反応・様子</td><td>「ええっ」とひく子ども、「簡単だよ」「やったあ！」とやる気満々の子どもなど、いろいろな反応を示します。</td></tr>
<tr><td>「始めよう」と言って、リーダーシップを発揮する子があらわれます。</td></tr>
<tr><td>なかなかしりとりに参加できず、黙ったままでいる子もいます。</td></tr>
<tr><td>声に出して指示を出そうとしたり、声がかぶったとき非難する言動をとる子も出てきます。</td></tr>
</table>

とりあえず、ルールからはずれていることについてだけコメントを出し修正します。早く成功したグループにはバージョンアップで取り組むよううながします。いくつかのグループが成功するのを待って全体をストップさせ、振り返りをさせます。

「うまくいったグループは、どうして成功したのでしょうか」
「難しかったのは、どんなことですか」
「どうしたら、うまくいくと思いますか」
「言葉や目が使えないのに、できたのはなぜでしょうか」

子どもたちから出てきた言葉をうまく使い、このワークを成功させるための「協力」の具体的な行動を確認します。

例

・ほかの人の気持ちを考える。
・誰も声を出さなかったら、すぐに自分が言う。
・隣の人が言ったら自分が言うことにした。
・失敗した人を責めない。

解説

1 グループごとの活動をよく観察して、「協力」の具体的な行動をいくつかあげられるようにしておきます。声を出しているグループには厳重な注意が必要です。パターン化してしまえば簡単なのですが、それを言葉で話し合うことができません。うまくいかないグループには、ほかのグループの活動の様子を観察させることもよいでしょう。また、教師がグループの一員として入り一緒にトライして、どうしたらうまくいくか水を向けるのも一つの方法です。

2 楽しい活動のため、10回連続することだけが目的になってしまう場合があります。状況によっては中断し、このワークのねらいを確かめる必要があります。

応用編

ばらばらに散らばって行なったとき、一人ひとりの距離が遠い状況でやったとき、円くなってやったとき、一列に整列してやったときなど、位置関係を変えてやってみると、人と人との関係はそれぞれの位置にも関係があるという大事な気づきができることがあります。グループでの話し合いや作業は、ポジションも大事であることを学ばせるよい機会です。

また、クラスの人数にもよりますが、人数を増やしていきながら最終的には全員でチャレンジしてみるというのも、クラスのまとまりをつくるのによいでしょう。

ポイント

まずは、「やったあ！」「できた！」という体験をさせたいものです。そしてなぜうまくいったかを振り返らせると、いろいろな表現が出てきます。

言葉は使わなかったけれど、リーダーシップを発揮した子どもがいたこと、またそれにきちんと従う子どもも大事な要素であること、ほかの人が何を考えているのか想像すること、うまくいかないことを積み重ねていったからこそできたことなど、成功した要素を一つひとつ言葉にして、実感させたいものです。

29 感情を育てよう!　対象年齢 小学校低学年から中学年

「おこりんぼうさん」になるとき

ワークのねらい

私たちは、日常生活でいろいろな感情を経験します。ポジティブな感情だけでなく、ネガティブな感情、例えば、イライラしたり、怒ったりすることも体験しています。それらの感情を持つことは決して悪いことではなく、無駄な感情ではありません。

感情は、時間や状況によっても変化すること、また、人は感情を包み隠そうとする能力も持っていることなど、人の感情について知ることは、同時に自分の感情についても知ることになります。このワークでは、ふだん自分の持っている感情の存在に気づくこと、そして自分の感情に気づき、コントロールすることの大切さについて学ぶことを意図しています。

ワークのやりかた

▼「自分の気持ちに気づこう」

1 自分が「怒りっぽくなっている」ときに気づくスキルを学びます。

2 なぜ、自分が怒りはじめたのかを振り返ります。

3 そのときの自分の様子はどうでしたか。

4 その結果はどうなったかを思い出します。

5 その行動を振り返ります。

自分の気持ちに気づく	他人の気持ちに気づく	気持ちを調整する	他人とうまくかかわる
♥♥	♡♡	♡♡	♡♡

ワーク 29

「おこりんぼう」になるのはどんなとき？

問1 どんなときに「おこりんぼう」になりましたか。（2つ）

問2 「おこりんぼう」になったときの自分の様子

問3 「おこりんぼう」になったとき、どんなことがありました？

いいこと

わるいこと

問4 「おこりんぼう」になっちゃったことをどう思いますか？

ワーク 例

自分の気持ちに気づこう

問1 自分が今まで、おこりっぽくになったり、「イライラさん」になったりしたことを思い出してみましょう。

例
○何もしてないのに悪口を言われた
○おにいちゃんがテレビ番組を急に変えた
○遊びたいのにお母さんにお手伝いを頼まれた
○友だちが約束を破った

問2 おこりっぽくなったときの自分の様子はどんなふうでしたか?

例
○顔や耳があつくなった
○胸がいたくなった
○息が苦しくなった
○なんだかわからなくなった

問3 「おこりんぼう」になったとき、どんなことがありましたか?

○いいことは　（　　　　　　**なかった**　　　　　　）

○わるいことは（　　　　　　　　　　　　　　　　　）

問4 振り返ってその行動についてどう思いますか?

「はずかしい」
「お母さんに○○と言われるとすぐおこっちゃうのがわかった」など

解説

1 感情は時間や状況によって変化します。だから、今、自分がとてもいやな気持ちであっても、それがずっと続くとは限りません。さらに、自分の感情に気づく力を持つことは、自分の思いを冷静に見つめる大切な力となります。

2 自分の中で複数の感情が同時に起こることに気づくようになります。それに気づくことで、表面に表れた感情と内面に隠された感情があることも理解させていきます。

3 今までのことを振り返ることは、自分のことを冷静にとらえる練習になります。怒ってもいいことがないこと、逆にわるいことが多いことにあらためて気づくことで調整することにもつながっていきます。

応用編

ネガティブな感情をコントロールするためには、何よりも本人がその感情をコントロールしたいと思うことが大切です。そのためには、自分がそのネガティブな感情を表してとてもいやなことが起きた経験や失敗などに気づくことが大切です。

! ポイント

心と身体の関係は相互に密接な関係があります。心の落ち着きをもたらしてくれる方法、例えば、呼吸法や群読のような身体動作は、感情を穏やかにする作用が認められています。例えば3秒吸って2秒止めて10から15秒吐くというこのサイクルを4回繰り返すだけでも、子どもの落ち着きはかなり改善します。

また、一斉に声に出して行う学習、音楽における合唱や国語科での群読なども、集団単位でのまとまりやチームワークの推進に役立つ方法の一つです。

30 感情を育てよう！
対象年齢 小学校低学年から中学年

ノンバーバルから気持ちに気づく

ワークのねらい

相手の気持ちに気づくためには、相手の言葉の意味だけではなく、相手の言葉以外の情報をくみ取ることが必要になってきます。それは顔の表情や身体の動き、言葉づかいやまわりの状況から、相手の気持ちを感じ取り、相手の感情を理解することにつながるのです。相手が言葉と表情、態度、声の調子などでわかってもらおうとしていることを理解することが大切です。

このワークでは、写真から気持ちをくみ取り、自分でも同じように表現してみます。そのうえでほかの人の表現はどんなものなのかについて想像してみます。

ワークのやりかた

1 「今から何人かの子どもの写真を見せます。その写真からその子がどんな気持ちなのかを話し合いましょう」と呼びかけます。

2 例示の写真を見ながら、気持ちを当ててもらいます。

①うれしい表情　　②悲しい表情　　③怒った表情
①はどうしてそう思ったのですか。理由を聞きます。②③と続く。

3 自分もその表情をつくってみましょう。

自分の気持ちに気づく	他人の気持ちに気づく	気持ちを調整する	他人とうまくかかわる
♡♡	♥♥	♡♡	♡♡

ワーク 30

どんな気持ちかな？

1 次の写真を見て、それぞれの子どもがどんな気持ちなのかを話し合いましょう。

2 自分もその表情をつくってみましょう。（鏡を見ながら）

例

- うれしい表情
- 悲しい表情
- 怒った表情
- おどろいた表情
- いやな気分の表情
- さみしい表情
- 怖がっている表情

3 ほかの気持ちについても話し合いましょう。
<おどろいている>

ワーク 例

① 次の2人の子どもの写真を見て、それぞれどんな気持ちなのか話し合ってみましょう。

①この写真の男の子はどんな気持ちだと思いますか。

（うれしい）（楽しい）（驚いている）など

②その気持ちはどこに表れていますか。

（笑っている）（目が大きく開いている）（歯が見えている）など

② 自分もその表情をつくって、写真にとって貼りましょう。

③ 最後に先生が、顔や身体を使って何かの気持ちを表します。その気持ちを当ててください。

ロールプレイの場面設定

おやつがケーキだったときの子を演じる。

飼っていた犬が死んでしまった子を演じる。

していないいたずらを自分のせいにされた子を演じる。

突然、犬にほえられた子を演じる。

雨の日にころんで服がびしょびしょになった子を演じる。

遊ぶ友だちがいない子を演じる。

※場面によっては、苦痛を感じる子どもがいることも配慮して設定してください。

解説

1 顔の表情や身体の動き、態度などから、その人が今どんな気持ちでいるかを学習させるためには、その人の「表情」や「態度」、「周囲の人の表情や様子」などから判断することに気づかせることが大切です。

ただ、「うれしい」「悲しい」と言わせるのではなく、どんなことでうれしいと思っているのか、推理させたり、自分の経験を言わせたりすることで自分の思いを相手に伝え仲間と共感できるようになります。

2 人の気持ちは1種類だけではありません。プレゼントをもらったときは、驚かされただけでなく、喜びの気持ちも表れますし、同じ驚きでも、悪意のあるおどかしは、驚きと怒りが混ざる場合もあります。

応用編

言葉だけではなく、人の表情や動き、そして、周囲の状況を見て、その人の感情を読み取ることは、人とかかわる学習の大切な基礎の部分となります。教師が主体となってロールプレイを実施することによって、より深化されることになります。

教師のロールプレイの例	○後ろから突然声をかけられびっくりした様子 ○友だちに悪口を言われて悲しい様子 ○けんかして怒っている様子　　など

子どもに役をしてもらう	○突然、雪が降り始めてきた様子 ○隣の家の犬が突然、ほえてきた様子 ○「今日は一緒に遊べて楽しかったね」と言われた様子

! ポイント

お父さんやお母さんの表情やしぐさが子どもたちの一番最初の感情を読み取る経験となります。日本では、感情表現が控え目ですが、ご家庭では、少し大げさに感情の表現をしてみてほしいものです。また、メディアを利用して映像の中でともに共感できるような体験をすることも重要になります。

家族で子どもの発達段階に合う本の「読み聞かせ」や、ドラマや映画などを一緒に見たりすることも大切な感情をはぐくむ経験になると思います。

31 感情を育てよう!　対象年齢　小学校低学年から中学年

感情コントロールスキル

ワークのねらい

日常生活の中で、自分の気持ちを客観的にとらえる機会は意外と少ないものです。就学前後から小学校低学年の子どもたちにとって、自分の気持ちをコントロールするような機会はほとんどありません。特に、怒り出したら止まらない子や恐れを敏感に感じる子、さらに、心配や不安の強い子など、自分の感情に対して自分ではどうしても調整することができない子が少なからずいるのものです。

ネガティブな感情を上手に調整する方法を知ることは重要です。自分でコントロールして適切に対処していきたいものです。

このワークでは、自分の性格を冷静に判断する機会を持つとともに、感情のコントロールを身につけさせることを意図しています。

ワークのやりかた

1 友だちのことでとても腹が立ったことを2つ思い出します。

2 そのときの自分の気持ちを振り返ります。

3 「おこりっぽく」なったとき、どんなことがあったかを考えます。

4 自分はどうしたかったのかを振り返ります。

自分の気持ちに気づく	他人の気持ちに気づく	気持ちを調整する	他人とうまくかかわる
♡♡	♡♡	♥♥	♡♡

ワーク 31

友だちのことでとても腹が立ったことある？

1 2つ思い出してみよう

2 そのときの自分の気持ちはどんなでしたか？

3 「おこりっぽく」 なったとき、どんなことがありましたか？

4 自分はどうしたかったのかな？

◎それではこの気持ちを自分でやわらげてみましょう。
◎おこりっぽくなる気持ちをなくす方法をためしてみましょう。

ワーク 例

こんなとき、どんな気持ちになりますか？

「今日遊ぼう」とTさんに言ったら、Tさんが、「ごめん、今日は習いごとがあるから、遊べない」と言われました。ところが家に帰って家の外を見ると、Tさんが友だち数人で楽しそうに遊んでいました。

それを見てどんな気持ちになりますか？

うそつかれた！ なんで？　それはないよ！	ゆるさない！ 絶交だよ！

このまま怒ったらどうなるかな？

Tさんも怒る	Tさんと友だちで いられなくなる

どうすれば気持ちをおさえられますか？

▼感情をコントロールするスキル

1 自分の心の中から自然にわいて出てくる言葉で気持ちを落ち着かせる。	「落ち着いて！」「だいじょうぶ！」 「何とかなるよ！」「気にしない、気にしない」など
2 深呼吸をする。	「3秒息を吸って、2秒止めます、そしたらゆっくり15秒吐いて」
3 心地良いイメージをつくろう。	○目を閉じて、空をゆるやかに飛んでいるイメージ ○水の上でプカプカ浮いているイメージ ○自分の好きなことをしているイメージ ○成功経験をやりなおすイメージ
4 その相手やその場から離れる。	黙って離れるよりは、相手に一言告げて、 「あとでまたね」「ごめんね」など
5 間をとる。	ゆっくり10数える。「1、2、3……よ〜しOK!!」

解説

1 自分の感情がどうにもならずに大声をあげて泣き叫んだり、泣きやまなかったりする子が時折見受けられます。保護者の方の中には、自分のお子さんが感情のコントロールができないことで、小学校生活に不安をかかえていらっしゃる方もおいでかと思います。

このワークでは、主に、「怒り」にスポットを当てて紹介していますが、「恐れ」「心配」「孤独」などの例もあります。ネガティブな感情は、冷静に理解させ、スキルを身につけることで少しずつ姿を見せなくなることも事実です。

高学年になった頃、低学年では自分をコントロールできずに困ったけれど、今はうまく解決できるようになったねえ、という例も多いようです。

2 ネガティブな感情は自分だけではなく周囲にいやな思いをさせ、誰にとっても得することは何もないことを理解させます。さらには、自分で自分をコントロールするスキルを持つことは、ネガティブな感情を抑えることができるということで自信につながります。

応用編

このワークでは、ネガティブな感情の中の「怒り」の例をあげていますが、ネガティブな感情の中には、「不安」や「心配」「孤独」「引っ込み思案」などの感情もあり、「人に対して自分の表現をうまく伝えられない」という意味では共通しています。心と身体はお互いに影響し合っていることに気づかせていくことが大切です。

！ポイント

ネガティブな感情をコントロールするためには、何よりも本人がその感情をコントロールしたいと思うことが大切です。心と身体の関係は相互に密接な関係があります。心の落ち着きをもたらしてくれる事例、例えば、呼吸法や群読のような身体動作は、感情を穏やかにする作用が認められています。

一斉に声に出して行う学習、音楽における合唱や国語科での群読なども、集団単位でのまとまりやチームワークの推進に役立つ方法の一つです。

対象年齢 小学校低学年から中学年

そっと教えちゃうノート

ワークのねらい

最近では集団生活になかなかとけこめない子どもたちが増えてきていることが伝えられています。ですから、家庭では教えられない集団生活のきまりや方法を理解させる必要があります。

このワークは、集団の中でのより良い人間関係を築くために、相手のことをよく知ることをねらいとして、友だちの気持ちをわかることで、自分の気持ちだけでなく友だちを大切にしていく思いを身につけさせることを目的としています。そして、具体的に他人とうまくかかわるコツを伝えます。

ワークのやりかた

▼「友だちのことをもっと知り合いましょう」

1 自分のことを友だちに伝える道具、「そっと教えちゃうノート」をつくり、自分のことを伝える準備をしましょう。

2 友だちに自分のことを伝え、自分のことも友だちに伝えるためには、相手がいやな気分にならないような話すときの「大切な約束」やスキルを理解します。

3 「そっと教えちゃうノート」を使って友だちに自分のことを伝えます。伝えられた友だちは、友だちを励ましたり、聞きたいことをさらに聞いたりしていきます。

4 一対一の伝え合いをクラス全員がローテーションで伝え合うことで、クラスの仲間のことをお互いがわかり合うことができるようになります。

自分の気持ち に気づく	他人の気持ち に気づく	気持ちを 調整する	他人とうまく かかわる
♡♡	♡♡	♡♡	♥♥

実践編◉感情を育てよう！

ワーク 32

クラスの友だちのことをどのくらい知っているかな

①よく知っている　②まあまあ知っている　③あまり知らない　④ほとんど知らない

自分のことを相手に伝える道具「そっと教えちゃうノート」をつくってみましょう。

●「そっと教えちゃうノート」の書き方

（私を中心に、好きな食べ物／自分の性格／兄弟・家族／好きな給食／☆ここだけの秘密／好きなこと／好きな教科／習いごと）

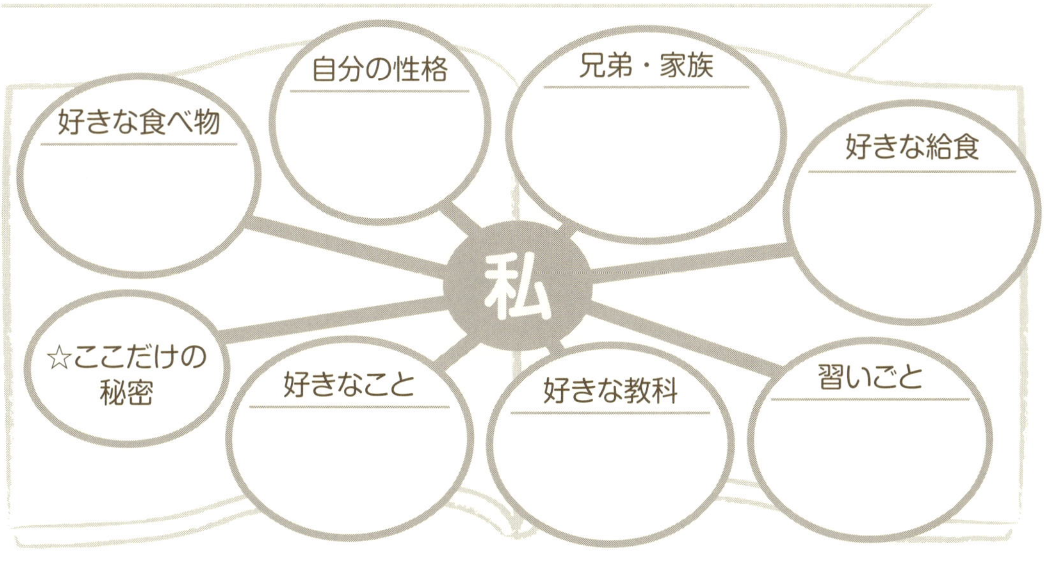

相手とコミュニケーションをとる「約束とスキル」を学ぶ。

友だちと話すときに気をつける約束・スキル

○相手の目を見て話す（しっかりうなずく）。
○聞く姿勢や表情も大切である。「へえ、そうなんだ」「なるほどねえ」「すごいねえ」など相槌を入れる。
○2人がだまってしまわないよう相手に十分気を配る。

どうやって自分から話しかけていく？

ワーク32 そっと教えちゃうノート

ワーク例

「そっと教えちゃうノート」の内容

「自分の好きなこと」
「きょうだいや家族のこと」
「好きな食べ物」
「仲の良い友だち」
「言ってなかった私の秘密」

● 「そっと教えちゃうノート」の書き方

```
            自分の性格        兄弟・家族
            活発に見えて、    あに一人中3 なまえ
            さみしがりや      「ただし」いもうと
  好きな食べ物    かも          一人「由美子」     好きな給食
  肉なら牛肉、                                    スパゲッティ、
  果物はミカン、                                  ジャージャーメン、
  肉じゃが                                        オレンジゼリー
                          〔 私 〕
  ☆ここだけの                                      習いごと
    秘密      好きなこと      好きな教科        ピアノしゅう2かい
              ゲーム、        体育（体を動か    5時から7時
              テレビゲーム    すから）、音楽
```

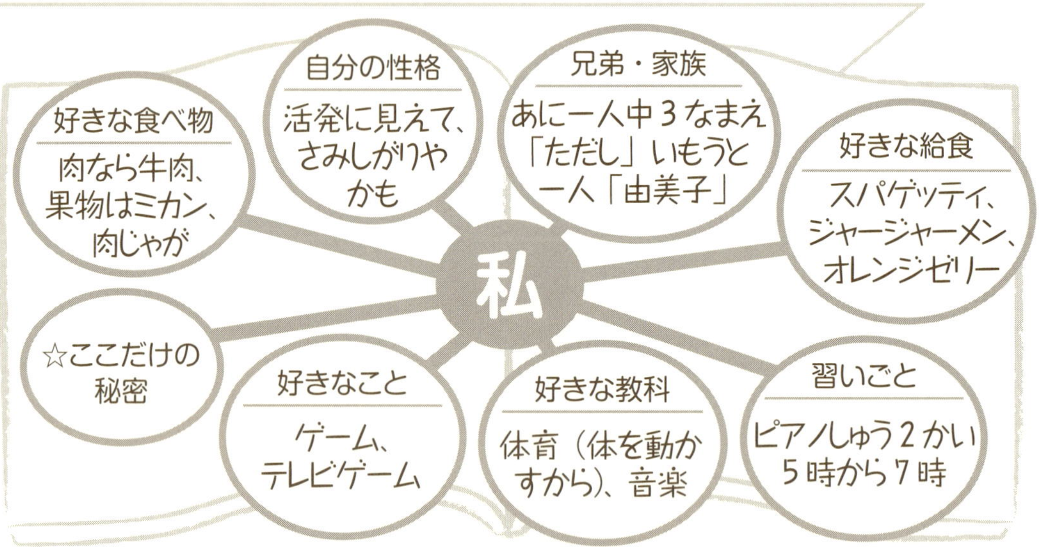

「そっと教えちゃうノート」で質問タイム！

「そっと教えちゃうノート」の中で聞いてみたいところを、相手の目を見て、聞きましょう。質問タイムは、友だちのことを多く知ることが目標です。とにかくだまっていないで、相手と楽しく会話をして相手のことを知りましょう。笑顔で進めましょう。ここでの質問タイムでは、ゆったりとしたBGMなどを流すと子どもたちの気持ちに安心感が出てきます。

※お互いが真正面で話すのではなく、90度の図のような位置で話すと話しやすい。

どうやって自分から話しかけていく？

「私、ジャージャーメン好きなんだけど、○○さんは？」

解説

1 友だちや仲間のことを意外と知らない今の子どもたち。それを知らせることがこのワークのねらいです。ワークの中で、友だちのことで新しい発見が次々に出てきたら、大人は共感の言葉かけをどんどんしてください。

子どもたちのかかわりが深まっていくのは、自分と同じ共通点があるときや、自分のしたことを相手が認めてくれたり、励ましてくれたりしたときです。

このワークをとおして、子どもたち一人ひとりが自分とクラスの集団の違いや共通点を見出すことで、かかわりのきっかけをつくることができます。

2 「そっと教えちゃうノート」を使うことで、自分のことを相手に知らせるきっかけをつくります。話をしながら、自分のことを相手に知らせるスキルも上達していきます。最初から完成したノートをつくるのではなく、簡単な紹介から始めて、絵でも字でもいいので、つくり上げていく気持ちで書き足していくようにしましょう。

応用編

コミュニケーションづくりのために、「そっと教えちゃうノート」を活用して自分のことを仲間にわかってもらい、仲間のこともわかるようになってきたら、今度は、ノートなしで自分のことを話し、相手のことも聞く習慣をつけられるようにしていきたいですね。そのために、班の交換ノートや朝の5分間スピーチなどで日常化させていきます。常に話のできる仲間がいるということは、学級が、まさに 自分の居場所や自己肯定感を確認できる場となります。

ポイント

自分の居場所が集団内でできるためには、安心して自分の思いを話せる仲間がいること、そして、そのためには、仲間のことを知っていて、自分も知ってもらっていることが大切な条件となります。

「お互いを知ること」が、「かかわることの第一歩」となります。

この機会にコミュニケーションのスキルを練習して、より一層、仲間とのかかわりを深めていけるといいですね。

33 感情を育てよう！
対象年齢 小学校低学年から中学年

入り混じった感情に気づく

ワークのねらい

新たな環境に身を投じるとき、よく「不安と期待が入り混じった気持ち」などと表現します。新たな環境や出会いにワクワクする気持ちと、まだ見えないものへの不安が重なっている状態といえます。ふだん何気なくやりすごしてしまっているこの感情を感じるのは、大人に限ったことではありません。子どもも同じように感じています。

例えば、運動会の前日、担任は1日の予定や注意事項について指導をします。そのとき、一人ひとりの子どもの表情は一様ではありません。うれしくてたまらないという表情の子もいればちょっと心配そうな表情の子もいます。子どもによっては、楽しい気持ちだけが先走りして興奮状態になっていたり、一方不安が強くて引っ込み思案になっていたりする場合があります。こんなときこそ、自分の中に起こっている複数の感情に気づかせ、感情の複雑さを学ばせるチャンスです。

同時にわき起こるさまざまな自分の感情に気づかせ、整理し、きちんと向き合わせることは、感情をコントロールすることにつながります。事象に対する感情と同様、他者に対してもいろいろな感情を同時に持つものです。自分のこの感情にしっかり向き合わせる経験をとおしてよりよい人間関係の持ち方を学ばせましょう。

ワークのやりかた

1 多様な感情を持つことが予想される出来事や場面を設定します。

2 子どもたちが自分の内面に目を向けることができるよう問いかけをします。

3 個々の多様な感情を引き出すために、イメージを広げやすい活動を工夫しましょう。否定的な感情を持つことも認めましょう。否定的な感情を持つことは当たり前のことで、決していけないことではないことを伝えます。

自分の気持ちに気づく	他人の気持ちに気づく	気持ちを調整する	他人とうまくかかわる
♥♥	♥♡	♥♡	♡♡

ワーク 33

こんな出来事がありました。どんな気持ちになりますか？
……そうですね。さて、さらにもう少し考えてみましょう。
今感じた気持ちのほかに感じたことはないかな？
もう一つの自分の気持ちに注目してみましょう。

場面 例 明日は遠足

「うれしい！
水族館楽しみだ」

「グループの友だちと
仲良くお弁当食べられ
るかな。心配……」

場面 1 仲良しの友だちとけんかしちゃった。

場面 2 掃除中、友だちと話をしていたら、グループの子に注意された。

ワーク33 入り混じった感情に気づく

ワーク 例

あるとき、こんなことが起こりました。あなたはどんな気持ちになりますか？ 場面をイメージし、いろいろ考えてください。今、わき起こっているいろいろな自分の気持ちや感情を下のクモの巣マップに表現しましょう。クモの巣をどんどん広げましょう。いろいろな気持ちが書けたら、2人組やグループで伝え合ってみましょう。

- 残念!! 勉強かー
- でもしかたないな
- てるてるぼうずをつくって絶対に晴れにするぞー
- おじいちゃんだって見にきてくれるんだ

中央：明日は、運動会！ でもお天気は雨の予報…

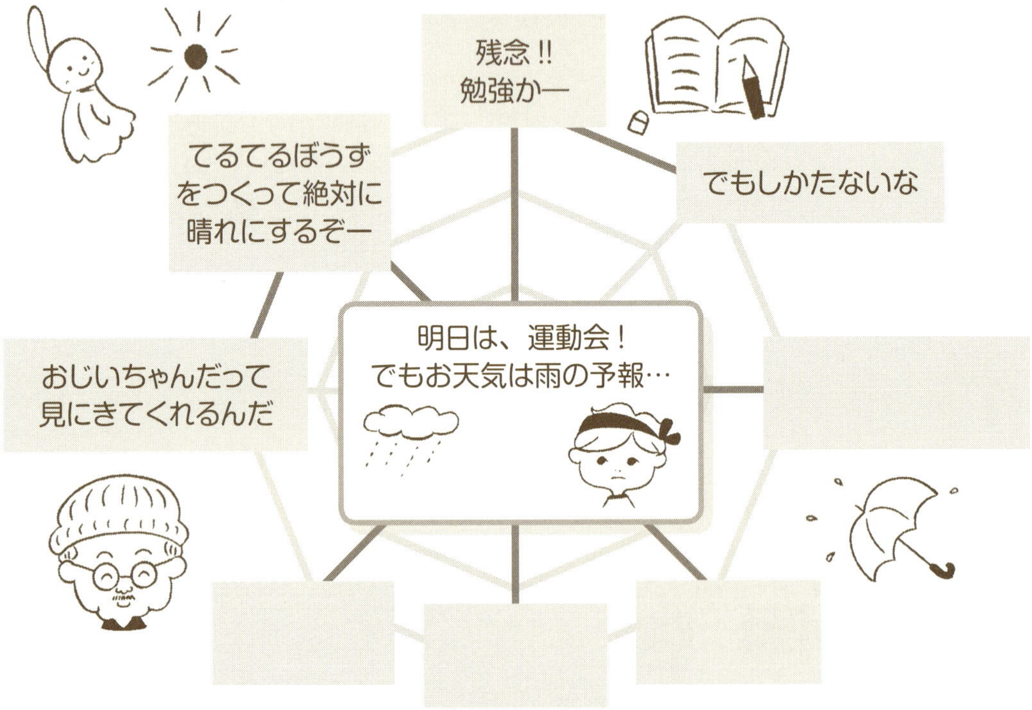

- ●自分の気持ちを丁寧に考えたり表現したりすることは、日常的にはあまりありません。自分の気持ちに向き合い、丁寧に引き起こす作業を具体的な活動をとおして体験させましょう。どんな気持ちも否定せず認めてもらうことで、安心して自分の気持ちを表現できるようになります。
- ●伝え合う活動を取り入れることによって、他者の気持ち、感情に気づくことができます。同じ出来事に対するいろいろな気持ち、感情があることに気づくことができるでしょう。

解説

1 行事など物事にかかわる題材は、事前に行えば、取り組みに対する目標設定につながります。また、事後に行えば振り返りになります。自分の気持ちに向き合うことにより、物事に対する興味や関心を高め、積極的な態度につなげられたらいいと思います。

2 人間関係にかかわることは、相反する感情を想起させるのに多くの材料を与えてくれます。また、この人間関係にかかわる感情を取り扱うことは、他者理解や共感的理解スキルの育成にもおおいにつながっています。日常からさまざまな葛藤場面を切り取り、学習の材料にすることで、子どもたちは多くのことを学ぶことと思います。

3 ネガティブな感情とポジティブな感情、相反する感情を取り扱う場合は、その感情を十分に認知させるとともに、その感情をもって行動するとどうなるかということも含めて考えさせてください。より適切な行動につながる感情のコントロールのしかたがあるということに気づかせましょう。

応用編

子どもたちの日常を見ていると、さまざまな感情を持つと予想される場面に出会います。そのような場面を切り取ってワークの題材にしてみましょう。

ポイント

自分の中にわき起こる感情は、自分ではなかなか整理することができません。適切な問いかけをとおして、自分の感情に向き合うことを日常的に体験させてください。特に人間関係のトラブルを解決していくためには、何を「どう感じたか」をとおしてトラブルの元を整理していくしかありません。丁寧に子どもの感情と向き合ってほしいと思います。

対象年齢 小学校低学年から中学年

共感力を育てる

ワークのねらい

子どもたちは他者の感情をどのように理解するのでしょうか。そして共感的な力はどのように育てればよいのでしょうか。

「人の顔色をうかがう」とはあまりいい意味で使われる言葉ではありませんが、このときの行動を分解して考えてみると、相手の表情に注目して、そこから感情を読み取り、それによって自分のとるべき行動を判断するという対人関係のとり方が表されています。

乳幼児期は、怖そうな表情の場合は「怒っている」、笑っている表情は「うれしそう」と単純に相手の表情と感情をつなげて考えますが、徐々に「顔は笑っているけど心の中では怒っている」などと表情以外からも情報をキャッチして相手の感情を理解することができるようになります。また、相手が怒っていることを感じて、謝るなどの行動をとったとき、相手の感情が変化するということも経験から学びます。

よりよい人間関係を築き、そしてその関係を安定的に保っていくために、他者の感情を共感的に理解する力・スキルを身につけ、出来事や対応によってその感情が変化することもしっかり学んでほしいと思います。

しかし、忘れてならないのは、他者の感情は自分の感情を手がかりに理解しているということです。常にこのことを踏まえて対応してください。

ワークのやりかた

1 表情を表す言葉を書いたカードを用意します。

2 カードに書かれた表情を言葉を使わずに顔で表現します。

3 どんな気持ちのとき、そのよう表情になるかを考えます。

自分の気持ちに気づく	他人の気持ちに気づく	気持ちを調整する	他人とうまくかかわる
♥♡	♥♥	♡♡	♡♡

ワーク 34

カードに書いてある「表情」を顔で表してみましょう。

にこにこした顔	さみしい顔
びっくりした顔	悲しい顔
涙がでそうな顔	くやしい顔
いばっている顔	どきどきした顔
がっかりした顔	わくわくした顔
ぷんぷんした顔	つんつんした顔

どんなとき「にこにこした顔」になりますか。
どんなとき「くやしい顔」になりますか。
⋮

「にこにこした顔」のときの気持ちを話しましょう。
「くやしい顔」になるときの気持ちを話しましょう。
⋮

ワーク 例

表情伝言ゲームをします。

①５～６人のグループをつくり、一列になります。

②先頭の人に問題の表情カードを配ります。顔でその表情を表し、後ろの人に伝えていきます。

③列の最後の人は、伝わってきた表情を表情カードから選びます。

④最後の人が選んだカードが、問題のカードと同じカードだったらポイントが入ります。

振り返りをします

①いろいろな表情を体験してみた感想を伝え合いましょう。

②表情を見てどう感じたか、自分がやってみてどう感じたかを伝え合いましょう。

③表しにくい表情や感情、逆に表しやすい表情や感情はありましたか。

解説

1 感情は表情に表れること、また、表情から感情を読み取れることを体験をとおして学ばせていきます。

2 ゲーム化することにより、表現することが苦手な子どもも抵抗なく参加できます。

3 他者の表情を読み取ること、自分の表情を読み取ってもらうことの両方を意識させ、その感覚を表現させると活動の意味がより深まります。

4 他者の感情を読み取り、共感的な理解をうながすためには、どんな言葉をかけたらその相手の助けになるのかという積極的傾聴につなげていくことが大切です。何のために感情を理解するのかを明確にして活動させてください。

5 「イライラする」「キレる」など短絡的な言葉ではなく、感情を豊かに表現させたいと思います。否定的な感情も含めて日常的に「感情語」を増やす問いかけや対応を心がけたいものです。

応用編

表情=感情をキャラクターに仕立てるなどの活動も感情について深く考える手立てになります。

例えば、

「ぷんぷんした顔」=「怒っている」➡○○マン

○○マンは「どんな食べものが好き?」「どんな遊びが好き?」「どんな本を読んでいる?」など、具体的に考えやすい題材をとおして感情に対する意識を深めていけます。

ポイント

自己理解と他者理解は表裏一体です。他者の感情を理解しながら自己の内面に目を向ける、また反対に自己の感情に目を向けながら他者の感情を理解する。この相互関係をとおして自己理解と他者理解を深めていく感覚をもって対応してください。

35 感情を育てよう！　対象年齢 小学校低学年から中学年

状況をポジティブにとらえる

ワークのねらい

人間関係を良好に保ち、安定的な集団生活、社会生活を送っていくためには、自分の気持ちを上手にコントロールしていくことが必要です。つまり、集団生活を送っていく中には、ときにはがまんしたり、ときには折り合ったり、ときには主張したりする必要があるということです。

乳幼児期には、そのコントロールを母親や父親などに手伝ってもらいながら、気持ちの落ち着け方を学び、しだいに自分でコントロールする力を身につけていきます。

しかし、最近の子どもたちを見ていると、「キレる」という言葉に象徴されるようにコントロールするということすら知らない子どもが増えているように感じます。また、友だち関係でトラブルがあったり、うまくいかないことがあったりすると、落ち込んでなかなか元気になれない子どももよく見受けられます。

すべての子どもたちに、感情･気持ちは自分でコントロールできるということを学ばせ、人間関係を良好に保って前向きな気持ちで生活を送れる力・スキルを身につけてほしいと思います。

さらに、ここではより前向きな行動をとれるよう、状況をポジティブにとらえる方法について学びます。

ワークのやりかた

1 子どもたちが葛藤を感じる場面を設定します。子どもたちの日常の生活からイメージしやすい場面を切り取って提示してください。

2 その状況の中で、何を思い、どのように考えたのかを聞きます。

3 ポジティブな考え方、ネガティな考え方を意識させます。

4 どんな考え方が、自分の助けになるのかを考えさせます。

自分の気持ちに気づく	他人の気持ちに気づく	気持ちを調整する	他人とうまくかかわる
♥♡	♡♡	♥♥	♡♡

ワーク35

こんなときあなたは、どんな気持ちで、どんなことを考えますか?

体育の時間のことです。サッカーの試合をしていました。一対一の接戦で、みんな盛り上がっていました。

あなたはゴールキーパーです。ボールが飛んできました。軽く止められると思いました。ボールが近づいてきます。

「あれっ」

ボールは、するりとあなたの両足の間をすり抜けてしまい、ゴールに入ってしまいました。

あなたはどんな気持ちになりますか? どんなことを考えますか?

少し時間がたちました。最初に思ったことと違うことが心の中に浮かんでいませんか?

ワーク 例

次のような状況のとき、どのように考えたらいいか考えよう。

社会科の時間です。

グループで地域のことを調べ、1枚の壁新聞にまとめる課題が出されました。メンバー4人でいろいろな情報を集め、分担して記事を書きました。みんなで協力していいものができあがったなと満足でした。さあ、片づけです。みんな早く終わらせようと張り切っていました。

そのとき、メンバーの一人が、絵の具筆を洗ったバケツの水をなんと仕上げた壁新聞の上にこぼしてしまったのです。

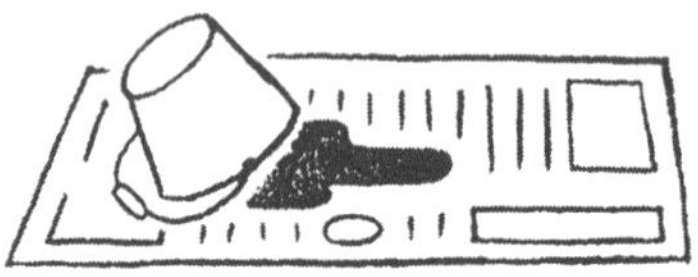

そのとき、あなたは……

あなたの悪魔の声（否定的な）は、どう語るでしょう。

なんで、こぼすんだよー、めちゃめちゃじゃないか！

あなたの天使の声（前向きな）は、どう語るでしょう。

なんとかみんなで解決しよう！

◎メンバーにとって助けになる声はどちらの声かを考えよう。
◎自分の中にわき起こる声は、どちらの声が多いか、振り返ってみよう。
◎自分の中に最初にわき起こる声を変えたほうがいいかどうか振り返ろう。
◎否定的な声は、相手や自分のためになるかどうかを考えよう。

解説

1 失敗したり、負けたり、うまくいかなかったりする場面では、否定的な考えに陥りがちです。その感情をしっかり受けとめつつ、起こってしまったことを肯定的に受けとめ、前向きな行動に移すことができることを実感として学ばせたいと思います。子どもたちの日常の生活でよく起こりそうな状況を設定し、否定的な考えと肯定的な考えの両方に目を向けさせることからはじめましょう。

2 ワークの例でいうと、失敗してしまった本人とまわりのメンバーの両方の気持ちを考え、ロールプレイなどで演じさせるとより効果的です。

3 最終的な目標は、失敗してしまった人に自分はどのような手助けをすることができるのかを考えさせ、実行させていくことです。失敗したりうまくいかなかったりした状況にいる人は、自己肯定感が低下しています。その低下を元の状態に引き上げていくことがまわりの人間のやるべきことだということをしっかり理解させてください。

応用編

行動を日常化するためには、学んだことを実際に行動できる環境づくりが必要です。かけてもらってうれしかった言葉などを常時掲示できるようにし、子どもたちが自由にはれるように工夫しましょう。子どもの日常の行動をうながし、支える環境とそれを評価する大人の意識が大切です。

ポイント

否定的な感情を受けとめつつ、次の行動に移すためにどのように感情をコントロールすればよいのかをしっかり考えさせましょう。感情は自ら変えることができることを実感として学ばせましょう。

相手の気持ちになってかかわる

ワークのねらい

人種差別や男女差別などについての人権教育＝人間の尊厳の平等を理解することはとても需要なことです。しかし、とても難しいテーマであり、それを取り上げて学ばせるにはかなり工夫が必要です。特に学校教育の場で取り上げようとすると、とかく一方的な講義型の授業スタイルになってしまい、子どもの側からすると何を学んだのかがはっきりしないということになってしまいます。また、概念的な学習になりがちで、子どもが実感として学び取るのが難しい面もあります。

実際にやってみて、動いてみてわかるということはよくあることです。ワークを参考に活動を上手に取り入れ、子どもの実態に合った題材を工夫して、積極的に取り組んでほしいと思います。

人間の尊厳の平等の理解のためには、この社会、世界には、いろいろな状況を抱えた、いろいろな考えや思いを持った人がいるということに対する共感的な理解が必要です。幼児や低学年だからといって理解できないことはありません。むしろ低年齢の頃に学ばせたほうが、抵抗なく実感として学び取れるのではないかと思います。

「どのような場面設定」で「どのような人」を理解させるのか、子どもの実態に応じ、イメージを広げやすい「場面」や「人」を選んでください。デリケートな問題を含んでいることも考慮し、慎重に進めてください。ただ他人の気持ちを知るだけでなく、うまくかかわっていく手立てについても考えさせましょう。

●～～～ ワークのやりかた ～～～●

1. 「ある人」になりきって質問に答えながら、その人の気持ちの理解につなげます。
2. 「ある人」のイメージを広げられる質問をうまく組み合わせましょう。
3. その人がどんな行動をとるかを具体的に想像しながら、気持ちの共感的理解につなげます。
4. 音楽を流すなど、学習の場の雰囲気づくりを工夫しましょう。
5. 体験をした後は、振り返りをして、意識化を図りましょう。

自分の気持ちに気づく	他人の気持ちに気づく	気持ちを調整する	他人とうまくかかわる
♡♡	♥♥	♡♡	♥♡

ワーク 36

次の「ある人物」になりきり、質問に答えながらその人の気持ちを考えましょう。

1 あなたは小学校4年生です。お父さんの仕事で4歳のときに外国に行き、今年日本に帰ってきたばかりです。少し日本語を話せます。

①今、毎朝、うきうきした気分で学校に来ている。　はい　いいえ

②お友だちと一緒にいるのは楽しい。　はい　いいえ

③鉛筆やノートなどは、近所のお店に行って自分で買える。　はい　いいえ

④おうちに帰ってから、学校やお友だちの話をよくする。　はい　いいえ

⑤知っている人には、誰にでも元気にあいさつができる。　はい　いいえ

2 あなたが、男子だったら女子、女子だったら男子になりきって考えてください。

①女の子は、将来仕事につかなくてもいい。　思う　思わない

②電車やバスの運転士は、男の仕事だ。　思う　思わない

③看護師や保育士は、女の仕事だ。　思う　思わない

④お父さんよりお母さんのほうが、家の仕事を多くやるのは当たり前だと思う。
　思う　思わない

⑤男子は、力が強いほうがいい。　思う　思わない

⑥女子は、やさしいほうがいい。　思う　思わない

振り返りをします

体験して感じたことを2人組やグループで伝え合いましょう。一人ひとりが話したことは、互いにしっかり受けとめます。

ワーク 例

①カードを配ります。カードにはいろいろな状況に置かれた「人物」が書かれています。

例

あなたは、お年寄りです。少し腰が曲がり、歩くのに不便を感じています。

②配られたカードの「人物」になりきってもらいます。その人物のイメージを広げるために時間をとり、質問などをしながら言葉をかけます。

③1列に整列させ、静かに心を落ち着かせます。

④ある状況や出来事を読み上げ、その内容に当てはまる場合は一歩前へ進み、当てはまらない場合は、そのままの場所にいるように言います。このとき進む歩幅は自分の足のサイズ程度にすることを指示します。

⑤一つずつ状況や出来事を読み上げていきます。合間に、前進している人、あまり前進していない人など、その距離を確かめるための時間をとります。

⑥最後に自分の進んだ距離と位置を確認させます。

⑦今、体験したことを静かに受けとめられるよう、少し時間をとります。

⑧車座になり、感じたことを伝え合います。まだ、自分のなりきった人物は言いません。まず、「進んだほうの人」「進まなかった人」の感想を聞きます。あとは状況に応じて感想を聞いていきます。

⑨今度は小グループになり、自分のなりきった人物を明かして、ワークをやってみた感想を伝え合います。

⑩「何を」「どのように」感じたかが、子どもたち一人ひとりが学び取った成果です。「きちんと話す」「しっかり聞く」スキルは前もって学習させ、ふだんの生活で実行させておきたいことです。

解説

1 クラス単位で実施するとちょうどよい人数のワークです。1単位時間（45分間）をたっぷり使って活動させてください。

2 音楽を流すなど雰囲気づくりにも気を配り、子どもたちが「その人」になりきって感じ、考えられるよう工夫してください。

3 活動する前に、進むことができた距離を競うものではないことを、きちんと子どもたちに伝えてください。

4 「ある人物」カードと「状況・出来事」カードの例をあげます。参考にしてください。

◉「ある人物」カード

あなたは、目が不自由です。白い杖《つえ》を持っています。

あなたは、足が悪く車椅子にのっています。

あなたは、幼稚園に通う5歳の男の子です。

あなたは、お年寄りです。少し腰が曲がり、歩くのに不便を感じています。

あなたは、外国人のお父さんとお母さんを持つ1年生の女の子です。

◉「状況・出来事」カード

町を歩くときや電車に乗るときは、特に問題なくすいすい進めます。

休みの日などは、レストランに行き、好きなものを注文できます。

休みの日には、よく近くの公園に行き、思いっきり遊びます。

仲間からバカにされるようなことは、ありません。

今度の誕生日には、欲しいものをプレゼントしてもらえます。

! ポイント

人権に関する学習はとても難しいです。デリケートな問題も含んでいるため、どうしても敬遠しがちになります。しかし、やりづらいからこそ活動を工夫して子ども自身に学び取ってもらう必要があります。動いてみてわかる、これこそこの題材にぴったりです。

おまけ

37 感情を育てよう！　対象年齢　幼児から小学校低学年

「代わりばんこ」できるかな？

ワークのねらい

自分の気持ちに気づき、他者の気持ちにも少しずつ気がつくようになったら、お友だちとのかかわり方について、練習をしていきましょう。その第一歩が、「代わりばんこ」です。自分にとって楽しいこと、何度もやりたいと思うことは、お友だちもやってみたいと思うはずです。しかし、小さな子どもたちは自分の気持ちだけで心がいっぱいになってしまい、後ろでお友だちが待っていることに気がつかない場合が多いものです。

「代わりばんこ」という言葉は、昔の人たちが鉄をつくるときに使っていた、ふいごと呼ばれる道具からきています。ふいごとは、炉に空気を送るための畳2枚ほどの大きな板のことです。そのふいごを何人もの人が組になり、交互に足で踏んだそうです。この人たちを「番子」と呼んでいたことから、「代わりばんこ」という言葉が生まれたのです。

このワークでは、自分中心の気持ちをちょっぴりがまんし、順番に遊ぶことをとおして、楽しい気持ちがもっと大きくなっていくことを学べるように工夫されています。

ワークのやりかた

1　**数字を書いたカードに割り箸などの棒をつけて持ちやすいようにし、人数分用意します。数字がまだ理解できない子どもたちには、色カードを使って、色を補って順番を教えるとよいでしょう（黒板や壁に色カードを順に並べておきます）。カードを使用することで視覚的に順番を理解できるようになります。幼児には1枚のカードをバトンのように手渡ししていく方法もよいでしょう。**

2　**数字の書いてあるほうを裏側にして、トランプ遊びの要領で1枚ずつカードを引かせます。**

3　**数字の書いてあるカードの順番にしりとりをします。最初は数字の順に子どもたちの並びを変えると理解しやすいでしょう。**

※しりとり以外にも伝言ゲームなど、人数や年齢に合わせて遊びを工夫してみてください。

自分の気持ちに気づく	他人の気持ちに気づく	気持ちを調整する	他人とうまくかかわる
♡♡	♡♥	♡♥	♥♥

ワーク 37

数字カード（色カード）を人数分、用意します。

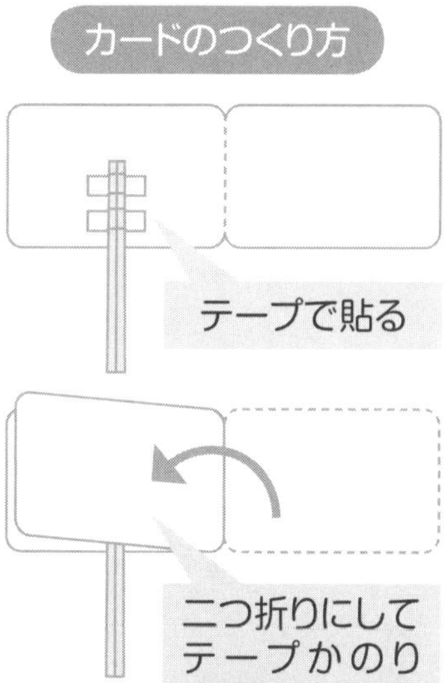

二つ折りにしてテープかのりで貼る。片側に数字を書く

カードを引いて、しりとりを始めます。

ワーク 例
カードの順番にしりとりをする。
すいかの「か」で、かつお
おんぷ
ぷりんあっ「ん」がついちゃった
もう1回「ぷ」を考えてごらん
間違えた人が1番になって最初からやり直す。
え～とプール
るすばんでんわ
わに
にわとり
りんご
ごま
マカロニ

解説

1 代わりばんこができるようになるためには、他者の気持ちに気がつき、他者の必要性を自分の必要性と同じように感じなければなりません。自分の要求だけを満たす自分中心の行動から、相手の要求を受け入れることで、社会性が少しずつはぐくまれていきます。

2 代わりばんこの第一歩は、大人と一対一で行います。お父さんやお母さん、おじいちゃんやおばあちゃんとのやりとりによって、相手に順番をゆずっても必ず自分の番がくるという安心感と信頼感をお子さんに与えてあげてください。それができるようになったら、次に少人数の子ども同士で試して、徐々に人数を増やしていくとよいでしょう。生活の中に代わりばんこや順番を取り入れることで、遊びの場面、お友だちとの作業の場面でも自然に順番が守れたり、相手にゆずったりできるようになっていきます。

応用編

子どもの年齢に応じて、遊びを工夫しましょう。幼児の場合は、1枚のカードを使って、交互にやりとりをするとよいでしょう。小学生は、カードの順番を伏せ、座る順番を変えないで試してみるのもよいでしょう。また、しりとりなどのことば遊びだけでなく、カードの順番でボールのパスを素早く回してスピード感を楽しむこともできます。

ポイント

代わりばんこができたときは、「代わりばんこできたね」「ありがとう」と笑顔でやさしく答えてあげてください。そうすることで、子どもたちは自分の気持ちを少しずつ調整して、相手のことを考えたり、相手を思いやる心の余裕が育っていきます。また子どもの気持ちの調整にたずさわることで、お父さん、お母さん自身も感情を調整する力を発達させるきっかけになるでしょう。こうした気持ちの調整が人へのかかわり方につながっていることを、あらためて見つめ直すよい機会としてみてください。

【執筆者略歴】（ワーク順）

鳥羽美紀子（とば　みきこ）［ワーク 01 ～ 04］
静岡市立由比幼稚園教務主任

谷村圭介（たにむら　けいすけ）［ワーク 05 ～ 08］
江東区こども発達センター療育専門指導員

宮本孝子（みやもと　たかこ）［ワーク 09 ～ 12、37］
法政大学大学院人文科学研究科心理学専攻博士課程

藤澤　文（ふじさわ　あや）［ワーク 13 ～ 16］
鎌倉女子大学児童学部講師

小高佐友里（こたか　さゆり）［ワーク 17 ～ 20］
法政大学大学院ライフスキル教育研究所研究員

石井睦子（いしい　むつこ）［ワーク 21 ～ 24］
あいクリニックデイケアかしの木臨床心理士

伊藤裕子（いとう　ゆうこ）［ワーク 25 ～ 28］
東京都世田谷区立駒繋小学校主任教諭

山田隆次（やまだ　たかつぐ）［ワーク 29 ～ 32］
東京都品川区立伊藤小学校校長

森嶋尚子（もりしま　なおこ）［ワーク 33 ～ 36］
東京都品川区立延山小学校校長

【編著者紹介】
渡辺弥生（わたなべ　やよい）
大阪府生まれ。教育学博士。法政大学文学部心理学科教授。同大学大学院ライフスキル教育研究所所長。専門は発達心理学、発達臨床心理学。筑波大学、静岡大学、ハーバード大学客員研究員を経て、現職。
主な著書に『子どもの「10歳の壁」とは何か？』（光文社新書）、『11歳の身の上相談』（講談社）、『ソーシャル・スキル・トレーニング』（日本文化科学社）、『親子のためのソーシャルスキル』（サイエンス社）、『絵本で育てるソーシャルスキル』（編著、明治図書出版）、『ＶＬＦによる思いやり育成プログラム』（編著、図書文化社）、『10代を育てるソーシャルスキル教育』（共編著、北樹出版）、『世界の学校予防教育——心身の健康と適応を守る各国の取り組み』（編著、金子書房）などがある。

カバー＆本文イラスト　たやみよこ
カバー＆本文デザイン　桜井勝志

考える力、感じる力、行動する力を伸ばす
子どもの感情表現ワークブック

2011年6月1日　初版第1刷発行
2020年1月15日　初版第4刷発行

編著者　渡辺弥生
発行者　大江道雅
発行所　株式会社　明石書店

〒101-0021　東京都千代田区外神田 6-9-5
電話　03（5818）1171
FAX　03（5818）1174
振替　00100-7-24505
http://www.akashi.co.jp/
印刷　株式会社文化カラー印刷
製本　協栄製本株式会社

（定価はカバーに表示してあります）　ISBN978-4-7503-3408-0

JCOPY〈出版者著作権管理機構　委託出版物〉
本書の無断複製は著作権法上での例外を除き禁じられています。複製複写される場合は、そのつど事前に、出版者著作権管理機構（電話 03-5244-5088、FAX 03-5244-5089、e-mail:info@jcopy.or.jp）の許諾を得てください。